ちくま新書

バトラー入門

藤高和輝
Fujitaka Kazuki

1807

バトラー入門【目次】

凡例
引用文が拙訳の場合、出典は原書刊行年を英数字で表記しています。
〔 〕内は著者による補足です。

疑いもなく、フェミニズムは真面目な遊びの形をとることを必要としつづける。………ジュディス・バトラー（Butler, 2010a, p.xxx）

プロローグ――『ジェンダー・トラブル』非公式ファンブック

ジュディス・バトラーが一九九〇年に『ジェンダー・トラブル――フェミニズムとアイデンティティの攪乱（Gender Trouble: Feminism and the Subversion of Identity）』を世に問うてから、もう三〇年以上もの月日が流れた。バトラーは現代を代表するアメリカ合衆国の哲学者であり、フェミニスト・クィア理論家として有名である。『ジェンダー・トラブル』出版から現在にいたるまでバトラーは多数の著作を出版しつづけているが、それでもなお、私たち読者にとって「バトラーと言えば『ジェンダー・トラブル』」ではないだろうか。他の思想家たちにももちろん「主著」と呼ばれるものがあるだろうが、バトラーの場合、『ジェンダー・トラブル』を「主著」と呼ぶにはどこか生ぬるく、ほとんどバトラー自身の「代名詞」と言っても差し支えないほどのインパクトがある。

ところが、である、その『ジェンダー・トラブル』こそがもっとも難解な著作なのである。どれだけの人がこの本につまずいたのだろう。あるいは、どれだけの人が「読んだ気になって」いるのだろう（あるいは、私も？）。そこで本書では『ジェンダー・トラブル』を中心にバトラーの理論を紹介・解説していくことにしたい――ただし、一風変わった、ヘンテコな、つまりはクィアな方法で。

この間、有難いことに、筑摩書房をはじめとした出版社のいくつかから声をかけてもらった。その依頼のいくつかは、バトラーを「哲学」という切り口から論じてほしい、という種のものだった。それはひとつには、私が自著『ジュディス・バトラー――生と哲学を賭けた闘い』でスピノザやヘーゲル、フーコーなどいわゆる「哲学者」との影響関係について書いたからだろう。しかし、当の私――つまり、これをいま執筆している時点での私――はと言えば、〝哲学的な切り口で〟バトラーを論じることにあまり気乗りしないでいる。これはいったい、どういうことだろう？

このような依頼を寄せてくれる人たちには、当然、バトラーの思想や理論、そしてその重要性を多くの人に広く知ってほしいという思いがあるのだろう。しかし、これは私の邪推になるのだが、「バトラーを「哲学」という切り口から論じてほしいという依頼」には次のような思惑があるのではないだろうか――「フェミニズム」や「クィア理論」と銘打ってしまうと、それらのテーマに抵抗感を抱く読者層は敬遠してしまうのではないか、それならば、「哲学」を入口にして、また「大御所の哲学者」と関連づけるような内容にすることによって、「ジェンダー」とか「セクシュアリティ」と聞くと敬遠しがちな人も読者層として取り込むことができ、バトラーの思想が「〝哲学的に〟重要である」と理解してもらえるのではないか、そして、それによって知らず知らずのうちに「フェミニズム／クィア理論」の大切さをも同時に伝えることもできるのではないか……、そのような思惑が。

まるで、バトラーを彼らに「認めて」もらうためには、「哲学」の門をたたき、入門しなければいけないかのようだ。フェミニズムやクィア理論のエクスキューズとしての哲学？「哲学的にこうこうこうだから、バトラーの言っていることは一理あるんですよ」？あるいはむしろ、私が大学院生のときに『ジュディス・バトラー――生と哲学を賭けた闘い』を執筆していた頃、そのような気持ちがまったくなかったと果たして言えるだろうか。「哲学的にこうこうこうだから、バトラーの言っていることは一理あるんですよ〜」と言うことで、バトラーの思想を、ひいては私自身のバトラー研究を、「哲学研究」（とやら）として認めてほしい、そんな思いが一切なかったと言えるだろうか。

いまにして思えば、それはそのときの私にとってこのギョーカイを生きるための生存戦略だったのかもしれない。ところで、このギョーカイについてよく知らない人に解説しておくと、たとえば、「1400名余を有する日本哲学会において、女性会員の比率は（近年微増傾向を示しつつも）未だ1割程度にとどまる」状況である（和泉、二〇一七）。また試みに、たとえば、これを執筆している現在発行されている二〇二一年度から過去一〇年間の日本哲学会の学会誌『哲学』の「公募論文」にジェンダー／セクシュアリティに関わる論文があるかをタイトルから調べてみると、その件数はゼロ件であった。日本哲学会はとくに「古典的な」印象の強い学会だが、他の哲学系の学会にしても程度の差はあれ似たようなものだ。学会のシンポジウムでジェンダーやセクシュアリティを扱って、学会誌のなかに「招待論文」としてその報告を載せて、なんとなくそれらについてやっているふうに見せる、あるいは、やった気になる、というのがこのギョーカイでよく見かける風景である。

〝哲学的な切り口で〟バトラーを論じることに対する私の忌避感や違和感が少しは伝わっただろうか。「入門」と（一応）冠した本で、バトラーの理論を〝哲学的な切り口で〟解説し、もしもその解説があろうことか「権威」にでもなろうものなら、もう恐怖でしかない。

「えっ？　フーコーを読んでないのにバトラーについて語っているの？」（あわわ）

「ヘーゲル読んでないのにバトラーのことを理解できると思ってるの？」（げげげ）

もしそんなことになれば、ただでさえ寝つきが悪いというのにこの先ますます眠れなくなりそうである。

また、「入門」と称するなら、本の内容やコンセプトの観点からみても〝哲学的な切り口〟は向いていないとも思った。これまで、私は何度もバトラーの『ジェンダー・トラブル』の読書会や研究会に足を運んだが、その際によく感じるのは、「哲学的な前提知識」の必要性というよりもむしろ、「当時のフェミニストやセクシュアル・マイノリティが置かれていた社会的、歴史的、思想的な文脈に関する知識」の必要性のほうである。

たとえば、ある研究会で、バトラーの『ジェンダー・トラブル』におけるブッチ／フェム論（後述するよー。いまは待ってね）の箇所の議論が一通り終わった後、参加者のひとりがこう切り出した――「でも、ブッチ／フェムとかレズビアンSMとかが異性愛規範を再生産するものだっていう批判的な議論があるじゃない？　それについてはバトラーはどう思っているんだろう？」　その方は私より年配のフェミニストの研究者なのだけど、失礼を承知で言うと、これはトンチンカンな質問である。実際、それを聞いたとき、私はずっこけそうになったものだ。「いままで私たちがした話、何だったの？」という言葉がつい口から出てしまいそうだった。

これがいかにトンチンカンな質問であるかがわかる人は読者のなかにどれくらいいるの

だろう？（もし、あなたが私の大切な学生なら、「この質問がなぜトンチンカンなのか、論じなさい」という具合に、本書を読んだあとのレポート課題にするにちがいない。ので、ここでは解説しないけど、本書を読めばわかるようにするから安心してね。）多分だけど、これを読んでいるほとんどの人はその理由がわからないと思う。しかし、バトラーの『ジェンダー・トラブル』を理解する上で、この点は些末な点ではまったくない。むしろ、この点を理解できないことは『ジェンダー・トラブル』の内容を理解する上では致命的であるとさえ言ってよい。

たしかに、バトラーの『ジェンダー・トラブル』（やその他の著作）はきわめて「哲学的」で抽象的で難解な印象を与えるものであるし、事実、たくさんの哲学者の理論が援用されている（だから、誤解がないように言っておくと、私は別に「哲学」を全否定しているわけではない。というか、私は「哲学」が好き）。しかし、そこにばかり目を向けていると、バトラーがきわめて具体的な場面、その現場のなかにおり、そのなかで理論を展開しているという事実が見えにくくなってしまう。そして、バトラーの思想を「理論的」「哲学的」に研究する著作や論文では、この傾向はさらに強まってしまう（もちろん、私は自戒も込めてこう言っている）。

そこで本書では、「あまり哲学的ではない方法」でバトラーの思想について話していこ

Judith Butler, *Gender Trouble: Feminism and the Subversion of Identity*

うと思う。概念や理論を解説するというよりは、むしろ、「哲学的には些末にみえる点」に拘ろう。絵が浮かぶような具体的なイメージを伝えてくれる言葉や文章、エピソードに注目しよう。あるいは、バトラーがなぜそのように語るのか、その具体的な現場の説明をできるだけ詳しく書こう。ああ、それから、もうひとつ——「男性哲学者」の話は極力控えよう。彼らがいなくたってバトラーの話ができるんだってこと、身をもって示そうじゃないか。

そういうわけで、本書では、哲学系の入門書によくあるような著作順に考察するといったよくある方法もとらないし、バトラーの著作のなかの章立ての順序とかにも拘泥しない。それよりも、どうやったら面白く、興味深く、魅力的にバトラーの理論を語れるか、ただその一点に拘りたい。

そして、私は本書でひたすらに『ジェンダー・トラブル』に拘ることにする。他の著作や論文を参照することもあるが、それはあくまで『ジェンダー・トラブル』を理解するためである。私が『ジェンダー・トラブル』に拘るのは、もちろんそれだけ『ジェンダー・トラブル』が重要で面白いからでもあるが、それだけではなく、『ジェンダー・トラブル』を深く理解することがバトラーの思想や理論の核心を理解することでもあると考えるからだ。『ジェンダー・トラブル』の理解度が上がれば、バトラーの他の著作への解像度も上がる、そう考えるからである。

言ってしまえば、本書はバトラーの『ジェンダー・トラブル』の非公式ファンブックである。一介の『ジェンダー・トラブル』ファンが書いたファンジンだ。なので、自由に、軽快に、クィアにやらせてもらうよ。そして、それがある意味では『ジェンダー・トラブル』を紹介するのにもっとも適った方法であるとも私は思っている。

そこで、このプロローグの最後に、ひとつ、好きな話を紹介しておこうか。それは、バトラーが一二歳だったときの話、バトラーはそのときの家庭教師に「将来の夢」を尋ねられたらしい。それに対して、バトラーはこう答えたという――「哲学者かピエロになりたい。」できすぎた逸話にも思えるし、脚色も入っているかもね。でも、このエピソードはバトラーの「哲学」への接し方をよく表していると思う。

たとえば、バトラーは同じ文章のなかで、「フェミニスト哲学は哲学か？」という問いに対して、それを聞いて「ぞっとした」というエピソードに触れている。似たような問いで言えば、「ジェンダーやセクシュアリティって「哲学的な問題」なの？」という問いもそうだろう（ああ、ぞっとする！）。これに対して、バトラーは「フェミニスト哲学は哲学か？」という問いは正しい問いではないとし、むしろ、「哲学は哲学か？」と問うべきだと述べている。私たちは誰しもがなんらかの形でジェンダーやセクシュアリティを生きている。その現実を無視した哲学など、果たして「哲学」と言えるのだろうか？　現在の「哲学」は本当に「哲学」なのか？　このようなバトラーの問いに倣えば、「哲学者」に関しては次のように言い直すことができるかもしれない。「哲学者」は、「哲学者は哲学者なのか？」「哲学者とは何なのか？」「私は本当に哲学者なのか？」と問うべきである、と。

「哲学者かピエロになりたい」――私はこれを読んだとき、こう思った。ああ、バトラーはどちらの夢も叶えたんだ、バトラーは「哲学者で、かつピエロ」なんだ、って。

第 1 章

ブレイブ・ニュートン！

エスター・ニュートン（右）とシャーリー・ウォルトン。1976年、シティ・アイランドにて。

（Esther Newton, "The Misunderstanding," in *Margaret Mead Made Me Gay*, p175より）

というわけで、本書で私はバトラーの思想をできるだけ面白く、魅力的に伝えるために、「入門書」にありがちな方法はとらない。むしろ、一見、些末にみえたり、大したことがないようにみえる箇所を長々と話したりもするだろう。そこで本当にさっそくで恐縮なのだけど、私が最初に取り上げたいと思うのは『ジェンダー・トラブル』の第二章の注二二である（えっ）。さらに言うなら、そのなかにあるひとつの単語である（ええっ）。

以下では、その一節を竹村和子さんの訳でそのまま引用しよう。

ニュートンとウォルトンは、エロスにまつわるアイデンティティ（エロティック・アイデンティティ）と、エロスにおける役割（エロティック・ロール）と、エロスの行為（エロティック・アクト）を区別して、欲望形態とジェンダー形態のあいだにいかに根本的な不整合があり、そのためエロスの嗜好を、社会的文脈におけるエロティック・アイデンティティから直接ひきだされることはできないと論じている。彼女らの分析はそれなりに有益だし（思い切ったものだ）と思うが、これらのカテゴリーが言説の文脈に固有のものなのかどうか、さらには、セクシュアリティをその構成「部分」に断片化することが意味をもつのは、それらの構成部分の還元的な統一化に対する対抗戦略となった場合のみかどうかについては、さらに考察を要する。（バトラー、

二〇〇六年、二七二頁。強調引用者）

この引用箇所（難しいよねー）の解説は後回しにして、私が取り上げたいのは傍点を付した箇所である。竹村さんの訳では、「彼女らの分析はそれなりに有益だし（思い切ったものだ）と思う」と、バトラーがニュートンらの論文の内容を「それなりに」しか評価しておらず、やや突き放して評しているようにみえるのではないだろうか。

ところで、この箇所の原文は次の通りである。そして、私がここで取り上げたいと予告した単語をイタリックで強調する。

I find their analysis useful (and *brave*)

直訳するなら、「私は彼女らの分析が有用な（そして、勇気のある）ものだと思う」だろうか。竹村さんの訳と違うのは〝brave〟の意味のとり方である。〝brave〟は「勇敢な」「勇気のある」を意味する形容詞である。この〝brave〟を、「へえ、思い切ったことするね〜」と皮肉っぽく訳すべきか、それとも、「なんて勇気があるんだ！」と素直な賛辞として訳すべきなのか。竹村さんは前者で、そして、私は後者推しなのである。でも、なんで私が後者を推すのか。その理由を説明するためには、この注でバトラーが言及している論文、エスター・ニュートンがシャーリー・ウォルトンと共同で書いた論考、そして私の大好きな文章“The Misunderstanding: Toward a More Precise Sexual Vocabulary”（1984）を紹介しないといけない（初っ端から脱線するけど、絶対、こっちのほうが面白いって）。

†The Misunderstanding

一九八四年に掲載されたこの論文はかなり変わった構成をしていて、そのイントロダクションはまるで小説のようなエピソードではじまる。ここで私が取り上げたいのはその本論部というよりも、むしろ、まさにそのイントロダクションだ。

そこで、このイントロダクションを要約して紹介しよう。

ニュートンとウォルトンはこの論文を執筆した一九八四年の時点で二五年来の友人である。ニュートンはブッチのレズビアンで、ウォルトンはブロンドヘアーをした女らしい見た目をしたヘテロセクシュアル女性だった（第一章扉）。ところで、「ブッチ」というのは「男らしいジェンダー表現をしているレズビアン」のことで、それに対して、「女らしいジェンダー表現をしているレズビアン」のことを「フェム」と言う。

一九六六年のある日のこと、それは二人が二〇歳半ばのときのことだが、ウォルトンはニュートンをセックスに誘った。「シャーリーは公式にはストレートだったが、そのときよくあったようにレズビアニズムにそそられていて、エスターはとりわけそうだった。シャーリーは男性や男性的な女性に魅力を感じ、とくに影のある感じを好んでいた」(Newton, 2000, p.167)。ニュートンはと言うと、ウォルトンはなかった。ニュートンの見た目がたしかに「タイプ」ではあったものの、性的な魅力を感じたことはなかった。ニュートンはウォルトンの申し出に対して、自分が「使われている」ように感じたし、また、自分たちの友情が壊れてしまうのではという怖れも抱いたが、結局、「実験の精神で」、ウォルトンの申し出を受け入れることにしたのだった (p.167)。

彼女たちは「ベッドになだれ込み、「激しく抱き合い、愛撫を交わし」はじめた」(p.167)。「エスターは控えめに彼女の胸を揉んだが、シャーリーはそれを嫌がった。エスターが憶えているのは、シャーリーの性器を刺激しようとしたが、シャーリーは無反応だったことだ。私たちのいずれも正確にどのようにしてそうなったのかを思い出せないが、しかし、とにかく、その出来事は次第に失速していって、終わることになった」(p.167)。

この出来事を受けて、ニュートンは自分はレズビアンだが「シャーリーは「ノーマル」

だから、感じなかったのだ」と考えて、この一件を胸におさめた。そして、その翌朝、「なんの議論もないまま、この問題は終わった」(p.168)。また、二人は再び、七〇年代前半、フェミニズムが興隆していた流れのなかで、この一件の理由——彼女たちの言葉を借りれば、「もしレズビアニズムが本当に「女を愛すること」になるのなら、どうして、友情を育んだ私たちのあいだでセクシュアリティは働かなかったのか?」(p.168)——を考える機会をもったが、その際も、「シャーリーはストレートで、ニュートンはそれほど強くは彼女に惹かれなかった」(p.168)からだ、という同様の理由で落ち着いた。

しかし、その後のある日のこと、二人はある会話のやりとりを通して、自分たちの「誤解(misunderstanding)」に気がつくことになる。そのやりとりを以下に引用しよう。

「ねえ、私はずっとこう思ってた——あなたもそうだと思うけど——、私はストレートの「フェム」だ、って、定義上は。私は男といたしね。それに、政治的に正しくあるために自分をつまんなくさせる以前には、私はドレスが好きで、メイクも好きだったこと、あなたも知ってるよね。」
「そうだね……」
「でもね、エスター、ベッドでは私はいつも支配する側でありたいの。」

「あんたが?」エスターは驚愕した。私たちは良いセックスや悪いセックスについて長年にわたって議論してきた。だから、私はずっと思い込んでいた、私たちはお互いが何を言わんとしているのかをわかっていると。「ということは……あんたはトップなんだ!」エスターは叫んだ。

シャーリーは言った、「あなたと同じでね。だから、私たちがいっしょに寝ようとしたとき、私たちがどうしたらいいのかわからなかったのは無理からぬことなのよ。詰んでたってわけ! 私たちは二人ともトップ――私たちは二人とも、性的なイベントを自分からはじめて、指揮して、完成させたい。だから、私たちには決してうまくいく見込みがなかったのよ。」

「私はすっかり」と、エスターは返した、「あなたがストレートなら、あなたはフェム〔おそらく、文脈的にはボトムのことを指していると思われる〕だって思い込んでた。私たちはこれらのラベルのもとにあらゆることをまさに葬り去っていたんだ。」

(pp.168-169)

この会話のなかで、「トップ(top)」という言葉が現れる。「トップ」とは、「ボトム(bottom)」と対になる言葉で、簡単に言ってしまうと、「トップ」はセックスにおいて能動的であることを、「ボトム」はセックスにおいて受動的であることを意味する。日本語では、タチ／ネコ、攻め／受けにあたるだろうか（ちなみに、『ジェンダー・トラブル』の日本語訳では、〝butch/femme〟は「男役／女役」と訳されていて誤解を招きやすいので、「男役／女役」を「ブッチ／フェム」に置き換えて読むことをおススメする）。

ニュートンの「驚愕」から推し量ることができるのは、七〇年代当時のニュートンは「ブッチならトップ／フェムならボトム」と思い込んでいたということだ。そして、一九六六年の二人の「盛り上がらなかったセックス」の原因は、「ウォルトンがストレートだったこと、エスターがそこまで彼女に性的に惹かれなかったこと」にあるように当初思われていたが、そうではなく、実際には、二人ともがトップだったから盛り上がらなかったのだ、ということに二人は気づいたのである。そして、この論文はこの「発見」を受けて、副題にあるように「より正確な性的ボキャブラリーに向けて」実験的に新たな概念を提示することを試みたものだった。

†ニュートンとレズビアン・フェミニズム

現在の文脈でこの論文を読んでも、なぜそれが〝brave〟なのか、わからないかもしれない。なんたって、たとえばＢＬなどでのサブカルチャーにおいても、見た目のジェンダー表現がベッドでのタチ／ネコ、攻め／受けを決定するとは考えられていないし、むしろ、その「ギャップ」がときにエロスを生みだしうることはある程度共有されているだろうからね。しかし、この論文が書かれた時代は決してそうではなかったんだ。だから、ここで私がみんなに知ってほしいと思うのは、当時、ニュートンのような「クィアな」人物においてさえ「ブッチであるならトップ／フェムであるならボトム」という「暗黙の了解」がなんの疑問もなく自明視されてたってことだ。そういう、当時の時代の「雰囲気」を知ってほしいんだ。あるいはそれを知ることはまた、私がいままさにニュートンを「クィアな」人物って紹介したけど、なんでニュートンが「クィア」なのか、その説明でもある。

したがって、この論文を理解するには、そして、この論文が"brave"であることを実感してもらうためには、それが書かれた当時の文脈や雰囲気をある程度は押さえておく必要があることになる。この論文が書かれたのは「レズビアン・フェミニズム」の内部においてだった。実際、ニュートンは（途中までは）「レズビアン・フェミニズム」にコミットメントしていたし、この論文はそのような文脈のなかで書かれている。だから、この論文を読むには、当時の「レズビアン・フェミニズム」の文脈を多少なりとも理解していないとそのニュアンスまではわからない。というわけで、レズビアン・フェミニズムって何なのか、あくまで簡単にだけど確認していこう。

そこでこれからレズビアン・フェミニズムについてみていくけど、極力、教科書的な説明は避けたいと思う（だって、そういう書き方は退屈なんでしょ?）。ここでは、エスター・ニュートンというひとりのレズビアンのブッチがどのようにレズビアン・フェミニズムを経験し、考えたか、彼女の歩みをできるだけ追いながら概観してみよう。

具体的に言えば、私たちが問題にしているニュートンらの論文"The Misunderstanding"はもともと一九八二年の「女性のセクシュアリティに関するバーナード・カンファレンス」での発表をもとにしたものなんだけど、そのカンファレンスに関してニュートンは *Margaret Mead Made Me Gay*（2000）の序文で、「私〔ニュートン〕がその側についていた「セックス推進派」のフェミニストと〔……〕反ポルノ派のフェミニストとのあいだの分岐点となった対立」を歴史的に徴づける出来事だったと振り返っており、このカンファレンスが「レズビアン・フェミニズムに対する私の決定的な拒否を決定づけた」と述べている（Newton, 2000, p.6）。

実際、この会議がどのようなもので、それがどのような影響を与えたものだったのかに関して言うと、アミア・スリニヴァサンは『セックスする権利』で次のように説明している。彼女によれば、「『セクシュアリティ会議のダイアリー』――参加者に配られる予定だったパンク・ジンで、批評的なエッセイ、機知に富んだ考察、推奨文献、性的に露骨な画像が掲載されていた――に実行委員のひとりが書いているように、この会議は「反ポルノグラフィ運動の知的な不誠実さと退屈さにげんなりしていたフェミニストたちのデビュー・パーティー」にすることを意図していた」もので、それに対して、「反ポルノ・フェミニストは会議の一週間前からバーナード・カレッジの事務局職員や理事に電話攻勢をはじめ、この会議は「性的倒錯者たち」が企画していると苦情を申し立てる」ことになり、当日の会場では、「反ポルノ・フェミニストが胸に「フェミニスト・セクシュアリティ賛成」、背中に「SM反対」と大きく書かれたTシャツを着て、この会議はポルノグラフィとサドマゾヒズムだけでなく家父長制と児童虐待も擁護していると非難するビラを配った」というような状況だったらしい（スリニヴァサン、二〇二三年、四七頁）。

ニュートンによれば、レズビアン・フェミニズムは最終的にこのような反ポルノグラフィ運動に収斂することになり、この会議によって引き起こされた「分岐」ないし「対立」はその象徴的な出来事だったと言えるだろう。このように、少なくとも一九八二年にはニュートンは批判的な立場になるのだけど、七〇年代にはレズビアン・フェミニズムにコミットメントし、最終的には袂を分かつことになったニュートン自身のその経緯を追いながら、レズビアン・フェミニズムの歴史をみていくことにしよう。

†「反戦運動とラディカル・フェミニズムの非嫡出子」

「レズビアン・フェミニズム」というのは、単純に「レズビアン」による「フェミニズム」というわけではなく、フェミニズム運動のひとつの思潮の名である。だから、「レズビアン・フェミニズム」の構成員は別にレズビアン「だけ」ではなかった。当時の言い方では、「政治的レズビアン」と呼ばれる人たちも実際にいた。それでは、レズビアン・フェミニズムってどんな運動、思想だったのか。

ニュートンは一九八二年の論文で、レズビアン・フェミニズムを「反戦運動とラディカル・フェミニズムの非嫡出子」と形容している。

> レズビアン・フェミニズムは反戦運動とラディカル・フェミニズムの非嫡出子であり、草の根の、アナーキスティックな社会運動だった。レズビアン・フェミニズムの存在理由は根本的な政治的変化だった。つまり、それは反資本主義的で、既存の社会秩序を拒絶するもので、そして、それは次第に失速した。(Newton, 2000, p.162)

なぜ、レズビアン・フェミニズムは「反戦運動とラディカル・フェミニズムの非嫡出子」なんだろうか。まずはそこからみていくことにしよう。

一九六〇年代のアメリカ合衆国では、反戦運動をはじめとした新左翼運動が登場した。そのなかには、多くの女性たちも参与していた。ところが、その女性たちはその運動のコミュニティ内部で男性中心主義や性差別に直面した。この意味で、一九六〇年代後半に始まるラディカル・フェミニズムは、新左翼運動の内部から生まれ、また新左翼運動から袂を分かつ形で生まれたと言える。それは新左翼運動にコミットメントしていた女性たちがその運動の内部で男性中心主義や性差別に直面し、ジェンダーの問題が矮小化されていたことに気づいたところから生まれたのだ。

ラディカル・フェミニズムはその有名なスローガン「個人的なものは政治的である(The personal is political)」に明らかなように、従来、私的で個人的なものとされてきた男女関係や家事、育児、愛、セクシュアリティといった問題を「政治的なもの」として問い直した。そしてまさに、ラディカル・フェミニズムが理論化した「家父長制(patriarchy)」はそのような女性抑圧や男性優位主義を説明する概念だった。リベラル・フェミニズムが人権などの法整備の不徹底に性差別の原因を求め、また社会主義フェミニズムが資本主義に性差別の原因をみたのに対して、ラディカル・フェミニズムは性差別の構造を「家父長制」と名づけ、性差別の問題を他の諸問題に還元したり従属させたりして理解することを拒み、性差別それ自体を独立した支配の構造として理論化した。したがって、その概念はまた、フェミニズム運動を、男性中心の他の社会運動から自律させることを後押しする理論だったとも言えるだろう。

このようにラディカル・フェミニズムが「家父長制」という男性優位主義を問題にしたとすれば、レズビアン・フェミニズムはさらに、「家父長制」が社会の基盤的な制度としての「異性愛」と密接にかかわっていることを問題にし、批判するものだった。つまり、ラディカル・フェミニズムは男女間の非対称な関係を問題にはしたけど、「異性愛」に関しては自明視していて、それに対して、「異性愛」を家父長制という制度の根本問題として焦点を当てたのがレズビアン・フェミニズムだったと言える。ニュートンがレズビアン・フェミニズムを「反戦運動とラディカル・フェミニズムの非嫡出子」と形容する由縁がここにある。いわば、レズビアン・フェミニズムはラディカル・フェミニズムよりもさらにラディカルな運動であり、つまり、ラディカル・フェミニズムにおいても見過ごされていた問題、すなわち「異性愛制度」を問い、変革を迫るものだった。

しかし、それはニュートンが言っていたように、「次第に失速した」。

†「ラベンダー色の脅威」とラディカレズビアンズ

このようなレズビアン・フェミニズムの「起源」としてしばしば語られるのが、ラディカレズビアンズ（Radicalesbians）という団体で、一九七〇年に発表された声明文"The Woman Identified Woman"だ。先にも確認したように、レズビアン・フェミニズムは「異性愛制度」、レズビアン・フェミニストのアドリエンヌ・リッチの言葉を借りれば「強制異性愛（compulsory heterosexuality）」を問題にしたけれども、まさにラディカレズビアンズはそのことを鮮明に語っている。

そして、ラディカレズビアンズがその声明文を打ち出した背景には、当時、アメリカにおける第二波フェミニズムでもっとも有名だったベティ・フリーダン（実際、彼女の『新しい女性の創造（The Feminine Mystique）』（1963）は第二波フェミニズムの引き金となるほど大きな反響を呼び、一九六六年には彼女は全米女性組織を設立し、初代会長となる）が一九六九年にレズビアンを「ラベンダー色の脅威（Lavender Menace）」と呼び、そして実際に、一九七〇年の「第二回女性のための連合会議」からレズビアンを排除した出来事が挙げられる。これに怒り、抗議したのがラディカレズビアンズだった。実際、彼女たちはこの会議に抗議し、先ほど言及した声明文"The Woman Identified Woman"を発表することになる。

さて、それでは、直接、彼女たちの言葉に触れてみることにしよう。その声明文の冒頭は次のような言葉で始まる。

レズビアンとは何か？　レズビアンとは、爆発点にまで達したすべての女性の怒りである。彼女は、しばしば人生のかなり早期に、彼女を取り巻く社会――そのときはおそらく、そして後には確実に――が彼女に許可したいと思うものより完璧でより自由な人間であろうという彼女の内なる衝動に衝き動かされて行動する女性である。

(Radicalesbians, 1970)

すでに、このはじまりの文において、ラディカレズビアンズの言う「レズビアン」が現代で言うところの「レズビアン」と重なりつつ、しかし同時に、それ以上の政治的拡がりをもつものとして捉えられていることがわかる。

実際、「レズビアン」であること、その「旅路」によって得られる「展望、すなわち、自己の解放、内なる平和、自己とすべての女性への本当の愛はすべての女性たちと共有されるべきものである――なぜなら、私たちはみな、女性だからである」(Radicalesbians, 1970) と述べられている。ここからわかるのは、「レズビアン」がセクシュアル・オリエンテーション（誰に性的に惹かれるか）の問題であるだけでなく、「彼女を取り巻く社会においてもっとも基礎的な役割――すなわち、女性という役割（the female role）――によって彼女に課せられた制度と抑圧」に反抗する存在としても定義されていることだ（Radicalesbians, 1970）。つまり、ここでの「レズビアン」は（異性愛制度に根差した）「性別役割」を根底から拒絶する存在という含意があるのである。言い換えれば、セクシュアル・オリエンテーションよりもむしろ、「性別役割の拒否」が「レズビアン」という言葉に仮託されていると言える。なぜ、このような戦略をラディカレズビアンズはとったのだろうか。

そこで、フリーダンがレズビアンを「ラベンダー色の脅威」と呼んで、恐れ、嫌悪し、排斥しようとした背景を考えてみよう。当時、レズビアンは「男っぽい女」だという偏見が広く共有されていた。いわば、「男性と同一化した（male-identified）」存在と捉えられていたのである。したがって、フリーダンがレズビアンを「ラベンダー色の脅威」と呼んだのは、フェミニズム運動の内部にレズビアンによって「男性文化」が持ち込まれること、あるいは端的にホモフォビア（同性愛嫌悪）があったからだと言える。

このような当時の状況を踏まえると、ラディカレズビアンズがとった戦略の意図もみえてくる。ラディカレズビアンズはレズビアンの存在をまずなによりも「女性に同一化した女性（the woman-identified woman）」と定義する。ラディカレズビアンズの声明文ではたしかにセクシュアル・オリエンテーションに言及されている。しかし、それはどちらかというと「控えめな」言及で、後景化されていると言える。「一般的な考えでは、レズビアンと他の女性たちのあいだにはたったひとつの本質的な差異があるだけである。すなわち、セクシュアル・オリエンテーションの差異だけが」(Radicalesbians, 1970) と述べられているように。「女性に同一化する女性」という捉え方はむしろ、そのような「差異」を超えたものとして「レズビアン」を捉えようとする試みだったと言える。ものすごく乱暴に言い換えるなら、レズビアンは「男みたいな女」という偏見に対して、ラディカレズビアンズは「レズビアンは「女の中の女」だ!」って返したと言えるだろうか。

†「レズビアンは女を愛し、リスペクトするが、同性愛の女はただ女と寝るだけ」?

この傾向、つまり、「レズビアン」をなによりも、家父長制や異性愛制度に抵抗する「政治的主体」として定義しようとする傾向は、アドリエンヌ・リッチの論考「強制異性愛とレズビアン存在 (Compulsory Heterosexuality and Lesbian Existence)」(1980) になるとより顕著になる。その論考のなかで、リッチは「強制異性愛」だけでなく、「レズビアン連続体」という概念も提唱している。リッチはこう述べている。

> レズビアン連続体という用語には、女への自己同定の経験の大きなひろがり——一人一人の女の生活をつうじ、歴史全体をつらぬくひろがりをふくみこむ意味がこめてあって、たんに女性が他の女性との生殖器的性経験をもち、もしくは意識的にそういう欲望をいだくという事実だけをさしているのではない。それをひろげて、女同士のもっと多くのかたちの一次的な強い結びつきを包みこんで、ゆたかな内面生活の共有、男の専制に対抗する絆、実践的で政治的な支持の与えあいを包摂してみよう。（リッチ、一九八九年、八七頁）

ここでは、レズビアンの女性に対する性的な欲望や行為は「たんに」と形容されており、それよりも「女同士のもっと多くのかたちの一次的な強い結びつき」の存在が強調されている。

このようなリッチの論に対して、たとえばパトリック・カリフィアは語気強く次のように批判している（ちなみに、パトリック・カリフィアは現在、性別適合手術を受け、トランス男性へと性別移行したが、それ以前は「パット・カリフィア」という名義で自らを「レズビアン」として認知し、レズビアン・コミュニティに出入りしていたライターでアクティヴィストだ。したがって、以下の文章は「パット・カリフィア」という名で「レズビアン」として活動していた頃のものである)。「リッチの論考はわたしたちの社会がレズビアニズムを否定し、罰し、また排除するやり方を説明するのには、最適の文章だ。しかし彼女はわたしたちを追いつめる人々や制度と同じく、レズビアンの欲望をことごとく恐れているように見える。どうして性的嗜好〔ママ〕が「単なる」などという言葉で片づけられねばならないのだろう」(カリフィア、一九九八年、一八頁)。そして、カリフィアは、リッチがブッチやフェム、レズビアンSMに対して排除的な姿勢だったことを挙げてもいる(一七頁)。

私たちのニュートンも一九八二年に書かれた論文"Will the Real Lesbian Community Please Stand Up?"の脚注で、自分の恋人が「政治的レズビアン」によって次のような言葉を投げかけられた出来事に触れている。すなわち、「レズビアンは女性を愛し、リスペクトするが、同性愛の女はただ女と寝るだけ」(Newton, 2000, p.279)。

一体全体、これはどういうことだろう? レズビアン・フェミニズムは「レズビアン」という言葉を冠しているにもかかわらず、結果的に、実際に生きている多くのレズビアンたちの存在を周縁化してしまったことになる。

このようなレズビアン・フェミニズムの傾向に対して、ニュートンは"The Misunderstanding"で次のような分析を行っている。

昔のレズビアン・コミュニティは性的な差異によって定義された。レズビアンは単なる性的なものとしてステレオタイプ化された。だから、たくさんのレズビアンたちがレズビアニズムを政治的な信念として対抗して定義づけることで反旗を翻したのは理解できることだ。それでも、性的解放は初期のラディカル・フェミニズムの重要な目的だった。しかしながら、一九七〇年代が進むにつれて、性的解放は、骨抜きにされたセックスにおける情緒や愛情を意味するようになった。ミドルクラスのストレートの女性が、レズビアニズムの過度のスティグマ化された側面を嫌悪したレズビアンと合流したとき、レズビアン・フェミニズムと政治的レズビアニズムが生まれた。(p.173)

「反戦運動とラディカル・フェミニズムの非嫡出子」として生まれた、きわめて革命的な運動だったレズビアン・フェミニズムがなぜ、このような顚末に至ってしまったのか。その顚末を、以下では、ニュートン自身の足跡とともに具体的にみていこう。

†「平等主義的セックス」という圧力

「レズビアンは女性を愛し、リスペクトするが、同性愛の女はただ女と寝るだけ」——そんな言葉を、ニュートンの恋人はぶつけられたのだった。じゃあ、それなら、レズビアン・フェミニストはどう「ファック」してたんだろうか。彼女たちにとって、「女を愛し、リスペクトする」セックスって何だろう。そこでは、どんなセックスのあり方が「理想的」とされたのか。

実は、七〇年代前半に、ニュートン自身がその「理想的な」セックスを実践していた。それは当時、「平等主義的セックス」と呼ばれていたものだ。自身もこの「平等主義的セックス」を実践していたニュートンはそのあり方を"The Misunderstanding"のなかで説明している。それは「〜ではないもの」という仕方で定義され、たとえば、「男性が女性に行使する権力のようなものではないもの」といったもので、具体的には、行為や役割を交代可能にすることで「平等」にすることを想定していた（Newton, 2000, p.168）。その「根底にある論法」とは次のようなものだった。

その根底にある論法はこのようなものだ。つまり、男は権力をもち、女はもたない。異性愛はひとりの男とひとりの女に、したがって抑圧者と犠牲者に関わるものだ。男性性は性的な権力と等しく、女性性は性的な無力さと等しい。異性愛を捨て去れ、そうすれば、あなたは性的な抑圧を捨て去る。男性性と女性性を捨て去れ、そして残る

道は平等主義的セクシュアリティ――すなわち、オープンで、誠実で、ケア的で、非抑圧的なもの。(p.172)

したがって、その「平等主義的セックス」においては、トップ/ボトムは可能な限り平等に「交換」されねばならなかった。ましてや、SM文化は「男性による女性支配」を連想させるものとして厳しく非難されることになる。要するに、「平等主義的セクシュアリティ」とは、セックスから「男性支配」を連想させる「支配‐服従」の関係を徹底的に追い出そうとするものだった。

ニュートンはこのような「平等主義的セックス」を七〇年代前半に実践していたのだけど、その「ほとんどはうまくいかなかった」(p.168)。そりゃあそうだ。ニュートンはブッチで、そしてトップだったのだから。したがって、彼女は率直に次のように述べている。すなわち、彼女にとって、「恋人をファックすることは簡単でも、ファックされることは簡単なことではなかった」(p.168)、と。

七〇年代前半にレズビアン・フェミニズムにコミットメントし、また「平等主義的セックス」を実践しながら、ニュートンは次第に不満を募らせていった。それはむしろ、ニュートンらにとって、「私たちのセクシュアリティの探求と理解を限定する新たな社会的圧力」（p.172）として経験されたのだった。ニュートンにとって、そのような「理想」とされたセックスのあり方は「自由」でも「解放的な」ものでもなく、むしろ「圧力」として感じられたのだ。「驚くべきことで、そしてひじょうに悲しいことは、ジェンダーやセクシュアリティといった解放的な概念を提示したフェミニズムが私たち〔ニュートンとウォルトン〕いずれにも助けにはなってくれなかったことだ」（p.172）。

そして、一九八二年に書かれた論考"Will the Real Lesbian Community Please Stand Up?"では、はっきりと、厳しく、レズビアン・フェミニズムのその「平等主義的セクシュアリティ」の規範性を次のように批判している。

レズビアン・フェミニストはストレートな世界の多くの慣習に反対して憚らない。しかし、別の点では、「政治的レズビアン」と伝統的なミドルクラスの女性はそれでもなお、アーヴィング・ゴフマンの言葉を借りれば「ノーマライザー」である。レズビアン・フェミニストが主張しているのは、自分たちは健康で、他のすべてのひとたちは病的で、「非現実的」であるということだ。「平等主義的セクシュアリティ」についての彼女たちのレトリックは伝統的に女性的な理想〔慈悲、感情、コミュニケーション〕を強調し、「男の」性器的セクシュアリティ〔乱交、権力関係、自己目的化した性的

興奮）を禁じる。（p.161）

女はただ性的興奮や快楽を求めてセックスをしてはいけないというのだろうか？　性差別や性暴力に反対しながら、同時に、「乱暴」で「暴力的な」セクシュアル・ファンタジーをもつことはダメなことだというのだろうか？　「フェミニストだったら○○しないといけない」という一種の逆規範の問題は「古くて新しい問題」だ。フェミニストだったらピンク色を嫌わないといけないのだろうか？　メイクが好きじゃだめなの？　フリフリのドレスが着たいって気持ちをもつことはいけないの？　ロマンティック・ラブにときめいてはいけないのだろうか？　ジェンダー規範から自由にさせてくれるフェミニズムの思想がいつのまにか反対に自らを縛る思想になってしまうことは、かつてもいまも、私たちが直面している問題だ――たとえば最近でも、ロクサーヌ・ゲイが『バッド・フェミニスト』と題した本を出版しているように（ところで、私は「バッド・フェミニスト」って言葉も好きなんだけど、二〇〇〇年代の日本のフェミニスト・グループ「駄フェミ屋」のいうところの「駄フェミ」って表現のほうが好き）。

さて、レズビアン・フェミニズムが「男性支配」を連想させるものを一掃させようとしたことを確認してきたけれど、でも、そうなると、いったい、何が残るんだろう？　そう、引用した一節でニュートンが述べているように、そこで残るのは結果的に「伝統的に女性的な理想（慈悲、感情、コミュニケーション）」だ。皮肉にも、逆説的にも、「家父長制」や「異性愛規範」を批判していたはずのレズビアン・フェミニストたちは、まさにそれらの制度が女性たちに押しつける規範を「理想」としてしまったことになる。"The Misunderstanding" の最後の段落でニュートンらが次のように主張しているのはそのためだ。

新たなフェミニスト・セクシュアリティはあまりにも強固に、お行儀の良い女の子の振る舞いの古いモデルや古い階級的偏見に結びついている。しかし、性的解放のヴィジョンを創造するためには、私たちはセックスについてもっと知る必要がある。私たちが皆同じであると私たちは想定することはできないし、私たちが皆、「良いセックス」、「倒錯」、「魅力」、あるいはその他のなんであれ性的な概念によって同じものを指していると想定することもできない。私たちはヴィクトリア朝的ロマンティシズムの外に出て、女性の性的な多様性や可能性に向けて、より正確なボキャブラリーを必要としているのだ。（pp.174-175）

ニュートンって、なんて "brave" なんだろう！ ねえねえ、そう思わない？ でもね、ニュートンが"brave"であることの説明は実はこれではまだまだ終わらないんだ（えっ、バトラーの話はまだかって？　まあ、待ちなよ。せっかちだなあ）。

†マニッシュ・レズビアン

これまでみてきたように、レズビアン・フェミニズムは「男性支配」や「異性愛」を連想させるものをことごとく一掃させようとしたんだった。それはなにもベッドでのことだけではない。その矛先は当然、「男みたいな見た目の」ブッチ、「女らしい見た目の」フェムにも向かうことになる。ニュートンは一九八四年に書かれた論文"The Mythic Mannish Lesbian: Radclyffe Hall and the New Woman"の冒頭で、率直に次のように問いかけている。

男のように考え、行動し、あるいはそのように見えることは、レズビアン・フェミニズムの最初の原理——すなわち、レズビアンは「女に同一化した女」である——と矛盾をきたす。それでは、様々な時代や環境のなかで「マニッシュ・レズビアン」とか、「真の倒錯者（true invert）」、「ブルダガー（bull dagger）」、「ブッチ」と呼ばれる人たちをどうすればいいのか？（Newton, 2000, p.176）

「女に同一化する女」はすでに確認したように、ラディカレズビアンズが提示した概念で、それは以降、レズビアン・フェミニズムのその「レズビアン」を定義するものだった。そして、これまた確認したように、ラディカレズビアンズは当時、レズビアンの存在をフェミニズムの運動から排斥しようとした主流派のフェミニズムを批判したんだった。おそらくだけど、「女に同一化する女」という言葉には当初、レズビアンと異性愛女性のあいだの連帯を願う、そんな切実な思いが込められていたと考えることもできると思う。

それでも、だ。「女に同一化する女」はやはり問題の多い概念だった。それは当初、〝「男に同一化した（male-identified）」女〟というレズビアンに対する偏見に抗するものだったとも言える。この意味で、パトリック・カリフィアも言うように、「レズビアンは男っぽい女、男性になりたい女性、とステレオタイプ的に考え」られており、「これに対する最初の反応が、レズビアンを男性らしさから分離し、レズビアン・フェミニストは女性を自認する女性である、という見方を促すことだったのは理にかなっている」（カリフィア、二〇〇五年、一七六頁）。が、「しかし」と彼はつづける、「長い目で見れば、これは戦術上の失策だったことがはっきりしている。レズビアン・コミュニティは、抑圧の源としてのクィアであることに同一化する古いタイプの「バー・ダイク」と、敵としての女性嫌悪に的を絞ったニューエイジ・レズビアン・フェミニストに分裂してしまったからだ」（一七六―一七七頁）。

そして、「五〇年代・六〇年代にレズビアンの生き残りを支えたバー中心的でロール・プレイング的な文化」（一七七頁）はレズビアン・フェミニズムのなかで周縁化される。ニュートンも、さっき引いた文章のなかで、当時、「『ブッチとフェムは消え去る』と、あるレズビアンの著者が真実というよりも期待を込めて宣言」していたことに言及しており（Newton, 2000, p.176）、このことからも、当時のレズビアン・フェミニズムで共有されていた認識や雰囲気が伝わってくる。つまり、ブッチ／フェムはレズビアン・フェミニズムにおいて「消えるべき存在」（そして実際に「滅んでいくであろう存在」）として否定的に考えられていたことになる。

それに対して、レズビアン・フェミニズムにおいて「理想」として期待されていた見た目や表現は「アンドロジナスなもの」で（今風に言えば「ユニセックスなもの」で）、でも、それは実際のところは「男性的なジェンダーのシンボル――ショートヘアー、短い爪、ワークブーツやランニングシューズ、オーバーオールとジーンズ、ネルシャツ――におもむく傾向がある」ものだった（p.174）。その背景にある理由は「女性性」が「消し去らねばならない差異と劣等性のしるし」として考えられていたからである（p.174）。実際、シャーリー・ウォルトンは最初に引いたニュートンとの会話のなかで、「政治的に正しくあるために自分をつまんなくさせる以前には、私はドレスが好きで、メイクも好きだったこと、あなたも知ってるよね」と語っていた。これは、「フェム」の見た目がレズビアン・フェミニズムのなかで嫌悪されていたことがわかるエピソードだろう。ブッチ／フェム文化が「異性愛規範」を「再生産」し、「強化」するものとして厳しく非難されていた当時のフェミニズムの情勢がみえてくる。

そして、ニュートンは一九八二年の論考"Will the Real Lesbian Community Please Stand Up?"で、このようなレズビアン・フェミニズムの「アンチ・ブッチ／フェム・イデオロギー」を次のように批判している。

> レズビアン・フェミニズムのレトリックは普遍主義的（「すべての女性は姉妹である」）であるという事実にもかかわらず、階級的、人種的反目は一九七〇年以来激しくなるばかりだった。〔……〕彼女たちはいまなお、ブッチ／フェムの役割、パブリック・セクシュアリティ、酒を飲むこと、バーを嫌悪している。（Newton, 2000, p.161）。

当時のレズビアン・フェミニズムにおいて、ブッチとフェムは「異性愛規範」を「再生産」するものとして非難されていた。このような「アンチ・ブッチ／フェム・イデオロギー」がニュートンが言うように「階級的、人種的反目」にもとづいているのは、たとえば、ブッチ／フェムが「労働者階級」のレズビアンのバー・カルチャーから生まれたのに対して、それを非難していたレズビアン・フェミニストの多くがミドルクラスの女性たちだったという点にある。だから、レズビアン・フェミニストによるブッチ／フェム文化の批判は「階級」というレンズからみたとき、「ミドルクラスの女性が労働者階級の女性を叩く」という構図としても理解することができることになる。

ちなみに、やや脱線するけど、ニュートンが書いている、あるエピソードもここで紹介しておこう。それは一九八二年の論考で、ニュートンが記しているエピソードだ。その論文で、ニュートンは、白人女性の人類学の院生から「レズビアン・コミュニティ」のエスノグラフィー研究をしていることを聞き、そしてこう尋ねたという。「「それはいいですね」、と私は言った、「チカーノの女性とはどう？」」（p.155）。この問いに対して、その院生はニュートンを「ぽかんとした表情で」見て、こう返答する、「私にはチカーノのインフォーマント（情報提供者）はいません」。これを受けて、ニュートンはこう述べている。その院生にとって、「アングロサクソンこそが「コミュニティ」だったのだ」（p.155 強調原文）と。そして、その院生が、「そのような仕事を行うことはとても難しい。私はスペイン語を扱うこともできませんし」と述べたことを受けて、ニュートンはその論考のなかで次のように述べている。「たしかに、それは難しい。この種のプロジェクトを行う関心と度胸をもつ、ごく少数である私たちには、資源も支援も与えられていない。しかし、もし私たちが私たち自身の限界に無自覚であるなら、私たちはナイーブにその限界を再生産するだろう」(p.155 強調原文)。このエピソードからは、ニュートンが(今風に言えば)「インターセクショナルな」視点をもつ人だということがよくわかるよね(「インターセクショナリティ」については第五章でまた改めて話すね)。

話をブッチ/フェムに戻すなら、〝当時の時点で〟ブッチだったニュートンがやっぱり〝brave〟な理由が伝わってくるだろう。現代のクィア理論家として著名なジャック・ハルバースタムが言うように、

ニュートンが「クィア」であるのはその言葉が新しい世代に再生され再利用されるようになる以前のことであり、そして彼女がブッチネスに同一化したのはレズビアン・フェミニズムがブッチ-フェムを逸脱した、流行遅れの、奇怪なカテゴリーとみなしていた時期のことである。(Halberstam, 2000, p.xii)

やっぱり、ニュートンって"brave"だなあ。えっ、しつこいって？（言わせてよ）

†トップのフェム・ボトムのブッチ

さて、そろそろ、"The Misunderstanding"のその「"brave"であること」の核心にいよいよ迫ることができる。"The Misunderstanding"でニュートンが「驚愕」し、「発見」し、そして、つい「叫んで」しまったこと、それは「ストレートのフェム」のウォルトンが「トップ」だった、ということだった。ニュートン自身にあった死角、彼女が陥っていた「思い込み」――それは「ブッチなら当然トップ」「フェムなら当然ボトム」という発想だった。

ところで、一九八三年の文章「ジェンダーを曲げる　役割交換ゲーム」で、パトリック・カリフィアは当時の文脈を次のように述べている。

今日、レズビアンのブッチとフェムとは、わたしがカムアウトした七〇年代より、ずっと多くの融通性を獲得している。これは部分的には、普通のレズビアンのセックスにトップとボトムの観念を導入させた、ＳＭダイクの影響によるものだ。今では、ブッチとフェムは健全なセックスの範囲内で、「ボトムのブッチ」や「トップのフェム」の話をする。わたしが「パーキィズ」（著者の故郷、ソルトレイク・シティーにあったバー）で会ったようなブッチたちは、この考えに大笑いするだろう。しかし、こういった女たちは〔……〕まったくの石頭だったのだ。現代のブッチとフェムのレズビアンは、こういった役割がいかに性的な快楽を提供してくれて、しかも生まれつきの性格やホルモンの違いから来る反動を減らしてくれるかを語っている。（カリフィア、一九九八年、二七八―二七九頁）

ここからわかるのは、アメリカにおける七〇年代のレズビアン・コミュニティでは認知されず、「大笑い」されることになるだろう「ボトムのブッチ」「トップのフェム」の存在が八〇年代あたりにコミュニティのなかで徐々に可視化されていった、ってことだ。思い起こすと、ニュートンとウォルトンの論文“The Misunderstanding”も一九八四年に書かれたもので、だから、その論文はこの当時のレズビアンの文化的状況をほとんどリアルタイムで伝えるものになっていることがわかる。

それから、実はいままで説明してこなかったんだけど、そして、カリフィアが指摘しているけど、そしてまたニュートン自身も“The Misunderstanding”で述べているように、「トップ／ボトム」という言葉はもともとレズビアンSMの文化で使われていた言葉だったんだ（Newton, 2000, p.170)。そしてカリフィアの説明からは、その「トップ／ボトム」というコンセプトが「普通の」レズビアンに導入されていったのが八〇年前後くらいのことだということがわかる。ニュートン自身、"The Misunderstanding"を書いている時点で「トップ／ボトム」を用いる際、それは「SM同性愛者の用語」から借用されたものであることを断った上で、それを「より包括的なカテゴリー」として再利用しようとしている（pp.170-171)。そこでは、「トップ／ボトム」は次のように再定義されることになる。「トップはそのエピソードを指揮し編成する人物で、「セックスをコントロールする」人である。ボトムはトップの性的なイニシアティブや言葉に応答し、感情を露わにし、それを見えるようにし、解釈する人のことである」(p.171)。

このような「トップ／ボトム」という用語をニュートンが導入したのは、まさに、あのニュートンの「驚愕」、そこから浮き彫りになったことを言語化するためだ。「トップ／ボトム」の議論を導入した後、彼女は次のように主張する。

誰かのジェンダーや性的好みを知ることは、その人がトップであるかボトムであるかどうかを指し示すわけではない。生物学的に男である人は必ずしもトップであるわけではないし、男性的なジェンダーのシンボルを用いる人たちにしてもそうである。

このことは、ブッチのレズビアンやゲイ男性にも、そして、何千年にも及ぶ文化的神話にもかかわらずストレートの男性にも、当てはまる。(p.171)

そして、ニュートンだけではない、その当時のコミュニティのなかでは、その〝ギャップ〟を説明する言葉がなかった。だからこそ、ニュートンとウォルトンは(そのサブタイトルにあるように)「より正確な性的ボキャブラリーに向けて」新たな概念を発明しようとしたのだ(くどいようだけど、〝brave〟だって思わない?)。そして実際、ニュートンらは「エロティック・アイデンティティ」「エロティック・ロール」「エロティック・アクト」といった概念群を提示してみせたんだ。

ところで、ここで、なんで私がこの論文を好きなのか、一言述べてもいいだろうか。ニュートンらが〝The Misunderstanding〟を書いた時代よりも、現代における「性的ボキャブラリー」はずっと「正確に」整備されているだろう。それでも、「私たち」の存在を説明する「私たちの言葉」は「完璧」なものだろうか。もっともっと「私たち」を説明し、ぴったりくる言葉が他にきっとあるんじゃないかな? 言い換えれば、私たちはつねに「より正確な性的ボキャブラリーに向けて」言葉を更新させつづけていく必要があるんじゃないかな？　私が“The Misunderstanding”を愛しているのは、彼女たちが提示している諸概念に対してではない。そうではなくて、その「精神」——自らの「思い込み」を疑い、「より正確な性的ボキャブラリーに向けて」奮闘し、現在のボキャブラリーを更新していこうとするその「精神」——、私はそれを引き継ぎたいって思うんだけど、みんなはどうかな？　そして、その「精神」こそ、ニュートンが“brave”である一番の理由なんじゃないかな？

†ジェンダーの「不連続性」

さあ、ここで、最初に引いたバトラーの『ジェンダー・トラブル』第二章の注二二に戻ろう（ちゃんと、戻ってきたよ！）。今度は、私自身の訳文で引用することにしたい。

ニュートンとウォルトンはエロティック・アイデンティティ、エロティック・ロール、エロティック・アクトをそれぞれ区別しており、欲望のスタイルとジェンダーのスタイルとのあいだに根本的な不連続性（discontinuities）がありうることを示している。たとえば、エロティックな好みは、社会的な文脈におけるエロティック・アイデンティティの現前から直接には推測できない、といったように。私は彼女たちの分析が有用な（そして、勇気のある）ものだと思うが、それらのカテゴリーが言説の文脈に特有のものなのかどうか、そのようにセクシュアリティを構成「要素」に断片化することがそれらの関係の還元的な統一化を拒絶するための対抗戦略としてのみ意味があるのかどうかに関しては疑問が残る。（Butler, 2010a, p.218）

たしかに、バトラーは引用した箇所の後半で、ニュートンらが提示している用語群にすっかり賛同しているわけではないことが読み取れるものの、しかし、少なくとも、バトラーがニュートンらの論考を、「欲望のスタイル」と「ジェンダーのスタイル」とのあいだの「不連続性（discontinuities）」をまさに身をもって示す「勇気のある（brave）」試みだと理解していることがわかるのではないだろうか。

そしてまさに、この「不連続性」――つまり、オスに生まれたら男になるというわけでは必ずしもないこと、男だったら女性を性的な対象とするというわけでは必ずしもないこと、男っぽかったらベッドで能動的であるというわけでは必ずしもないこと、メスに生まれたら女になるというわけでは必ずしもないこと、女なら男性を性的な対象とするというわけでは必ずしもないこと、女っぽかったらベッドでは受動的であるというわけでは必ずしもないこと、等々――、その肯定こそ、『ジェンダー・トラブル』の核心にあるものだ。

あるいは、この「不連続性」の観点からジェンダーを読むこと、それが『ジェンダー・トラブル』の試みなんだ。

次章から、私たちはそのようなバトラーの試みをみていくことにしよう。

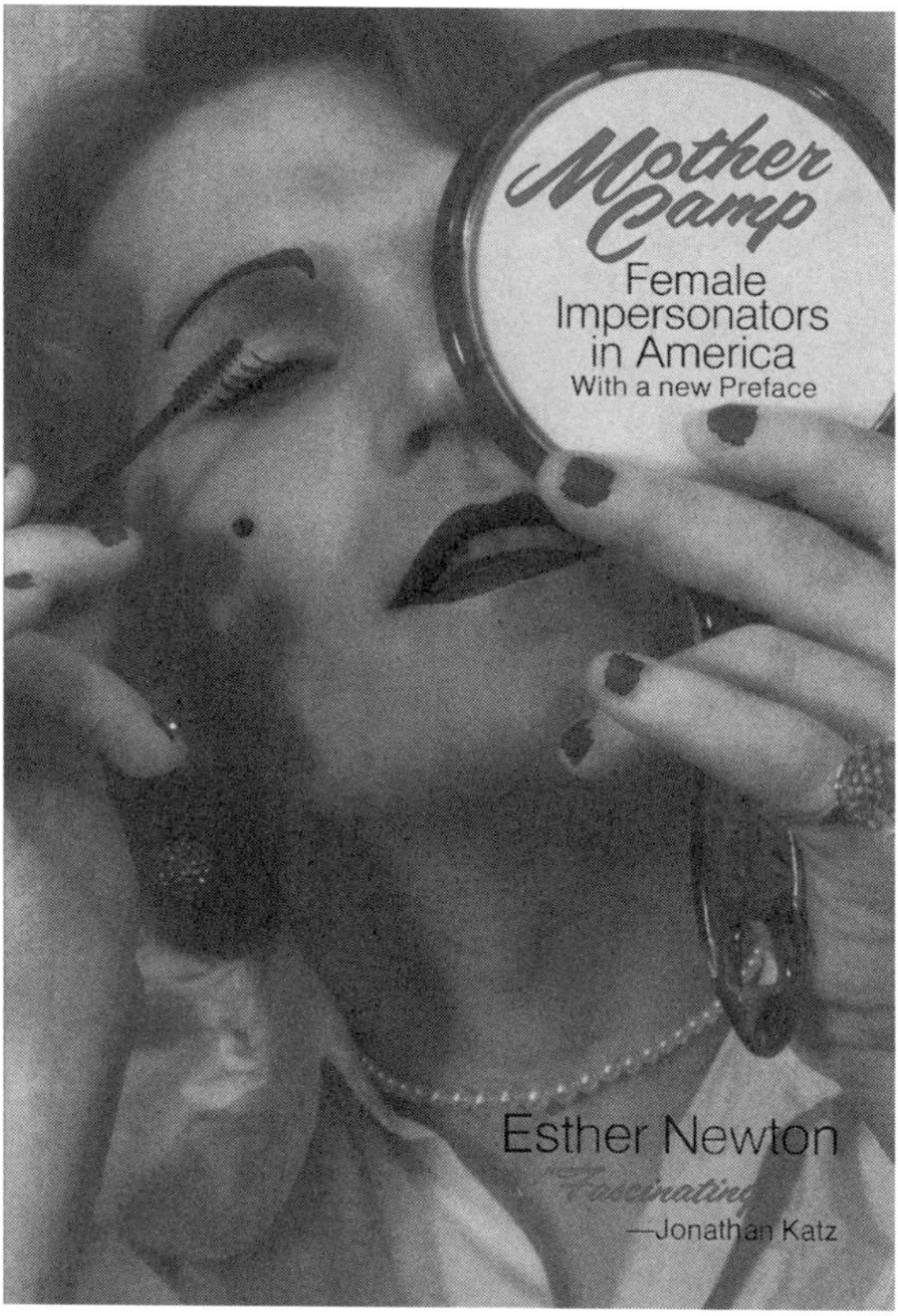

第２章

「ジェンダーに「本物」も「偽物」もない！

Esther Newton, *Mother Camp*

†ドラァグのインパクト

さて、そのようなジェンダーの「不連続性」を劇的に示すものとして『ジェンダー・トラブル』において着目されたもののひとつがドラァグだったし、また、それは『ジェンダー・トラブル』の読者にとってとくに印象に残る点でもあるだろう。そこでこの章ではドラァグについて取り上げよう。

ドラァグとはクィア・カルチャーの一種である。たとえば、ゲイ男性が大げさに女装をしてパフォーマンスを行う場合、ドラァグ・クイーンと呼ばれ、反対に、レズビアンが過剰に男装してパフォーマンスを行う場合はドラァグ・キングと呼ばれる。もともと、ゲイのサブカルチャーとして始まったものなので、そのパフォーマーは同性愛者であることが多いが、ドラァグは必ずしもゲイやレズビアンだけがするわけではなく、トランス女性のドラァグ・クイーンなどもいる。有名なリアリティ・ショー番組『ル・ポールのドラァグ・レース』ではドラァグ・クイーンたちが「ドラァグ・スーパースター」の称号を目指して互いに競い合うんだけど、その番組をはじめて観た人はその「美しさ」に息を呑むことだろう。授業でドラァグ・クイーンたちの写真をみせると、たいていの学生は「彼女たち」が「男性」であるとは「気づかない」ことがほとんどなほどだ（写真）。

「ルポールのドラァグ・レース」で活躍したクイーン、Manila Luzon。2019年にロサンゼルスで行われたRuPaul's DragCon LA 2019にて。(Photo by Chelsea Guglielmino/Getty Images)

さて、このようなドラァグに関するバトラーの論は良くも悪くもよく引き合いに出されたものだ。あるいはむしろ、このドラァグに関する議論はバトラーの理論への様々な誤解を生む元になったとも言える。たとえば、よくある誤解として、「バトラーはジェンダーを服装のように自由に選択できるものとみなした」、とか。このような、ジェンダーが「自由に選択できるもの」であるという考えは、私たちの日常生活を少し振り返れば、いかに誤ったジェンダー理解であるかは簡単にわかるし（だって、「自由に選べ」ないじゃん、実際。むしろ、「強いられる」ことのほうが圧倒的に多いよ）、それに、実際のところ、このようなジェンダーの「自由意志論」をむしろ批判したのが『ジェンダー・トラブル』だった。

また、ドラァグ的実践をバトラーはジェンダー規範への「抵抗のモデル」として提示したという〝肯定的な〟解釈もあるんだけど、これも本章を読めばわかるように、誤解だ（ただ補足しておくと、このような解釈はかなり一般化、拡大してしまったから、このような議論をきちんと批判的に分析することには意味があることは付け加えておきたい。てゆうか、「実際に生きている誰か」をたとえ肯定的な意味であれ「抵抗の理論的モデル」にすること自体どーなのよ？　それってアブナイ発想じゃない？　勝手にさあ、「ヒロイン／ヒーロー」にされて祭り上げられても困るよねえ）。

しかし、このようにバトラーのドラァグ論が多くの誤解を生んだにしても、だ。それでも、ドラァグのパフォーマンスがバトラーの理論に大きな影響を与えたことは動かしがたい事実であることに変わりはないだろう。ドラァグはジェンダーの「不連続性」をまさに身をもって示すパフォーマンスであり、バトラーのドラァグとの出会い、その衝撃を無視することは決してできない。

ところで、私はこれからバトラーのドラァグ論をみていくのだけど、ここでもエスター・ニュートンの存在が浮かび上がるんだ。実際、バトラーは『ジェンダー・トラブル』

でニュートンの著書*Mother Camp: Female Impersonators in America*（マザー・キャンプ――アメリカにおける女装者）に言及している。いや、というよりもむしろ、正確を期して言うと、ニュートンこそがバトラーの『ジェンダー・トラブル』やそれ以後のドラァグに関する理論のいわば「起源」に位置するものだと言えるんだ。

実際、ハルバースタムは次のように述べている。

> ニュートンの『マザー・キャンプ――アメリカにおける女装者』（1972）出版後二五年以上、彼女のドラァグやキャンプ、役割演技、ジェンダーの模倣についての洞察は、ジェンダーの齟齬に関するいくつかの重要な考察をいまなお構成している。実際、現代のクィア理論、とりわけ、ジュディス・バトラーの著作の影響を受けたクィア理論は、ドラァグやパフォーマンスの問題、まさに『マザー・キャンプ』によって最初にされた問題の周りを終わりなく巡っている。(Halberstam, 2000, p.ix)

したがって、ニュートンの『マザー・キャンプ』こそ、これらの議論の出発点だったと言えるし、その著作があったからこそ、バトラーの『ジェンダー・トラブル』におけるドラァグ論が生まれたと言える。

そこでこの章でもニュートンから始めることにしよう（えっ、また？）。

†『マザー・キャンプ』

バトラーをはじめ、ゲイル・ルービンやハルバースタムなど、クィア理論の歴史において重要な理論家たちに影響を与えた『マザー・キャンプ』だけど、その著作ははじめ不遇な扱いを受けたと言える。『マザー・キャンプ』は一九七二年に出版された著作で、もともとは一九六八年に博士論文として執筆されたものを修正して出版されたものだ。その研究内容は、アメリカのドラァグ・クイーンに関するエスノグラフィーだった。

しかし、ニュートン自身が言うように、本書は「一九八〇年代半ばまでアカデミックな場でも世間でも受け入れられなかった」（Newton, 2000, p.3）のであり、バトラーたちの世代が登場するまでほぼ黙殺に近い状況だったと言える。それは、ウィリアム・リープがニュートンについて説明している文章で述べているように、「レズビアン／ゲイ／バイセクシュアル／トランスジェンダーの研究者がクローゼットから出ることが安全になるずっと以前のこと、これらの研究分野が学者のキャリアがとりうるひとつの道程になるずっと以前」（Leap, 2000, pp.xvi-xx）に書かれた著作で、また、ハルバースタムが言うように、「人類学がまだ、いわゆるエキゾチックな文化に焦点を当てていた時代に」書かれた自国アメリカにおけるクィア・カルチャーのエスノグラフィーだった（Halberstam, 2000, p.xii）。ニュートンの著作がとってもクィアで"brave"で（しつこい？）、またそれゆえに、当時「黙殺」されていたということもわかると思う。

『マザー・キャンプ』は、アメリカにおけるドラァグ・クイーンの人類学的研究なんだけど、その著作のなかでもとくに注目したいのが「ロール・モデル」と題された章で、そこでの議論はまさにバトラーの理論を彷彿とさせるものだ（って言われても困るかもしれないけど、バトラーの理論については後で確認するね）。そこで、ニュートンはジェンダーそのものを一種の「行為／パフォーマンス」として記述している。

たとえば、ニュートンは次のように述べている。

> ドラァグ・システムの効果は、性別役割を一般にそれらを規定すると考えられているもの、つまり解剖学的な性差から解き放つようにねじ曲げることである。ゲイの人々が知っているのは、性別（sex）に分類された振る舞いは達成されうるものであるということである。（Newton, 1979, p.103 強調引用者）

この「達成されうる（can be achieved）」という言い方は、性別に分類される行為が解剖学的な事実によって決定されているということではなく、それが〝上手くなされれば〟別の性別のひとにでも「達成されうる」可能性を示唆している。そして、このことはその反対のこと、すなわち、性差に「自然に適合している」と思われている振る舞いも、解剖学的な事実に由来するのではなく、上手くなされているにすぎない、ということになる。

したがって、ニュートンは次のように述べている。

> もしも性別役割の振る舞いが「誤った」性差をもつものによって達成されることが可能であるのなら、それは論理的に、その振る舞いが「正しい」性差をもつものによっても、遺伝的に相続されるのではなく、達成されうるものであるということを示している。(p.103)

このように、ニュートンはジェンダーをセックス（生物学的性）から切り離す。ジェンダーが「行為／パフォーマンス」であるということは、それが「正しい」性別をもつ者であれ「誤った」性別をもつ者であれ、ジェンダーを「達成」するためには模倣的なパフォーマンスを行い、それをくり返す必要があることを意味する。まさにドラァグが実演してみせるのは、あらゆるジェンダー――「自然に適合しているように見えるジェンダー」でさえ——が一連の行為であり、ドラァグと同様の「ものまね（impersonation）」の構造を有している、ということなんだ。

†ニュートンからバトラーへ

このようなニュートンの議論は明らかにバトラーのジェンダー・パフォーマティヴィティやジェンダー・パロディの理論を彷彿とさせるものだ。というよりもむしろ、このような理論的洞察をバトラーに与えたのがニュートンだったと言える。次節でバトラーのジェンダー・パフォーマティヴィティの理論をみていくけど、その前にバトラーのドラァグ論を先に確認し、ニュートンからバトラーへ、いかにその議論が継承されていくかをみておこう。

実際、『ジェンダー・トラブル』でニュートンの『マザー・キャンプ』が参照されているのはすでに述べた通りだ。そして、バトラーは『ジェンダー・トラブル』でニュートンに言及した後で次のように述べている。

> ドラァグはジェンダーを模倣することによって、ジェンダーそれ自体の模倣の構造とその不確実性を暗黙裡に明らかにする。（Butler, 2010a=2006, p.187=242 強調原文）

言い換えれば、ドラァグはバトラーやニュートンにとって「特殊なジェンダー・パフォーマンス」ではない。ドラァグは、世の中で展開されているジェンダーの「ものまね」である。しかし、ここでバトラーが述べているのは、「本当の」ジェンダーがあり、それに対して、それを模倣した「偽物の」ジェンダーがあるということではなく、あらゆるジェンダーがドラァグと同様に「ものまね」である、ということだ。だから、ドラァグは「コピーのコピー」なのである。つまり、そもそも「ものまね」であるところの「自然に適合しているように見えるジェンダー」を大げさに「真似て」みせるパフォーマンス、それがドラァグである、と。バトラーやニュートンにとってドラァグが興味深いのは、私たちが「自然」と考えているジェンダーが「ものまね」の構造をもつことをまざまざとみせつけるパフォーマンスだからなんだ。

もう少し、このようなバトラーのドラァグ論を丁寧に説明しておこう。「自然に適合しているように見えるジェンダー」というのは一般的に、ドラァグのような「ジェンダー・パロディ」に対して「オリジナル」で「本物」であると考えられている。そして、「自然に適合しているように見えるジェンダー」は解剖学的なセックスに由来すると考えられている。つまり、そこでは、セックスとジェンダーは一貫している、と。もっと言うと、セックスとジェンダー・アイデンティティ、そしてジェンダー・パフォーマンス（ないしジェンダー表現）は「連続」している、そう考えられているわけだ。これを図示すると、一般的な「自然な」ジェンダーの認知は「セックス⇓ジェンダー・アイデンティティ⇓ジェンダー・パフォーマンス」という構造になっていると言えるだろうか。そして、「自然に適合しているように見えるジェンダー」には、この図式に「異性愛者であること」が付け加わる（この点に関しては第三章で論じるよ）。

これに対して、ドラァグのパフォーマンスにおいて明らかなのは、セックスとジェンダーが「不連続」だということだ。ゲイ男性がドラァグ・パフォーマンスをするとき、そのジェンダーは女性なのにセックスは男性、というわけだ。バトラーの言い方だと、

ドラァグのパフォーマンスは、パフォーマーの解剖学的性とそのパフォーマーによって演じられているジェンダーの区別をかき乱す。しかし、実のところ、私たちは重要な肉体性の三つの偶発的な次元——すなわち、解剖学的性、ジェンダー・アイデンティティ、ジェンダー・パフォーマンス——を目の当たりにしているのである。もしも、パフォーマーの解剖学的性がパフォーマーのジェンダーとすでに異なっており、また、これら両方がパフォーマンスのジェンダーと異なっているのであれば、そのと

き、このパフォーマンスが示唆しているのは、セックスとパフォーマンスのあいだの不一致だけでなく、セックスとジェンダーのあいだの、そして、ジェンダーとパフォーマンスのあいだの不一致でもある。（p.187=242）

このことから、バトラーが述べているのは次のようなことだ。すなわち、「ジェンダー経験の様々な局面はそれぞれ別個だということ」（p.187=242）である。言い換えれば、セックスやジェンダー、ジェンダー・アイデンティティ、ジェンダー・パフォーマンスないしジェンダー表現、それぞれのあいだに因果関係のようなものは存在しないということである。ドラァグは、「セックス⇓ジェンダー・アイデンティティ⇓ジェンダー・パフォーマンス」のような因果関係が「自然」ではなく「文化的な虚構」であることを明らかにするものなんだ。

したがって、バトラーもニュートンも主張していることは、「自然に適合しているように見えるジェンダー」もドラァグと構造的には一緒だということだ。「自然に適合しているように見えるジェンダー」はなにもセックスに自然と由来するものではない。セックスもジェンダー・アイデンティティも、ジェンダー表現も、それぞれ「別物」で、「不連続」でありうるものではないのか。「自然に適合しているように見えるジェンダー」も、このような、それぞれ「別物」であるはずのセックス、ジェンダー・アイデンティティ、ジェンダー表現が一貫して連続しているかのように「演じられている」だけではないのか、と。ドラァグをはじめとした「ジェンダー・パロディが明らかにしているのは、ジェンダーがみずからを形成するときに真似る元のアイデンティティが起源なき模倣だということである」（p.188=243）。

もし、ニュートンやバトラーが言うように、「自然に適合しているように見えるジェンダー」もドラァグもいずれも「ものまね」であるのならば、両者は、「オリジナル」と「コピー」、あるいは「本物」と「偽物」という関係にあるのではない。そうではなく、そもそも、ジェンダーに「本物」も「偽物」もないのである。したがって、バトラーが言うように、

ジェンダーは真実でもなければ偽物でもなく、本物でもなければ見せかけでもなく、起源でもなければ派生物でもない。ジェンダーはこれらの属性を担うと信じられているが、しかし、ジェンダーは全面的かつ根本的に信用の置けない不確かなものとみなしうる。（p.193=248 強調原文）

†「パフォーマティヴ」と「エクスプレッシブ」

ここで、バトラーの理論のなかでももっとも有名な議論と言ってもいい「ジェンダー・パフォーマティヴィティ」の理論についてもついでに説明しておくことにしよう。難解な印象を受けやすいんだけど、これまでのドラァグ論を念頭に置いておけば理解しやすいはずだと思う。

「パフォーマティヴィティ」というのは「行為遂行性」と訳されることが多いんだけど、それは言語哲学者のJ・L・オースティンの用語でもあるからで、バトラーもその意味をもちろん踏まえているんだけど、『ジェンダー・トラブル』のみに限定するならそこまで解説する必要もない、と私は思うんだよね。というのは、実際に『ジェンダー・トラブル』ではオースティンの名は出てこないんだよね（というわけで、本書ではオースティンには退場しておいてもらおう）。

さて、「パフォーマティヴィティ（performativity）」だが、これは〝perform〟や〝performance〟という言葉から派生して造られた言葉でもある。「演じる（perform）」とか「パフォーマンス／演技（performance）」という意味だから、パフォーマティヴィティには「演劇性」とか「パフォーマンス性」といったニュアンスも含まれている。

これは私が講義でよくやる説明の仕方なんだけど、ジェンダー・パフォーマティヴィティを理解するためには、その反対の例を持ち出すとわかりやすい。その反対のものにあたるジェンダー説明モデルを、ここでは「ジェンダー・エクスプレッシブ・モデル（gender expressive model）」と勝手に名づけることにするよ。

これは実際にバトラーが『ジェンダー・トラブル』で採用している区別でもあるんだ。バトラーはこう述べている。「表出（expression）とパフォーマティヴ（performativeness）との区別は決定的に重要である」（Butler, 2010a=2006, p.192=248）。この場合の〝expression/expressive〟を竹村さんは「表出（的）」と訳していて、とても良い訳だと思う。〝ex-press〟なわけだから、イメージとしては「内側にあるものが「外に（ex）」「押し出される（press）」」という感じだと理解するといいかな。

さて、「ジェンダー・エクスプレッシブ・モデル」とわざわざ名づけたものの、これは別段、解説するほどのものではない。というのは、いわゆる〝世間〟で一般的なジェンダー理解の仕方のことだからだ。つまり、セックスでもジェンダー・アイデンティティでもなんでもいいんだけど、性別を決定する「生来の本質」が人間には備わっており、その「本質」がたとえば「女らしい行為」とか「男らしい行為」として「外に」表出し現れたものがジェンダーだ、という理解のことだ。「人の内側になにか本質があり、その本質が外側に表出したのがジェンダーをはじめとした行為」というわけである（そう言えば、この前、飲み会の場でこう言う人がいた。曰く、「男女の生物学的違いってやっぱりある」と。で、その理由はというと、自分の娘が小さいのに一歳年上の息子よりも「しっかりしている」からだそう。「やっぱり女の子はしっかりしてるよね〜」というのはよく聞く言葉だ（ハア）。つまり、「なんらかの女という本質」があり、それが「しっかりしている」という「行為」として外側に現れるという理解をこの人（たち）はしているわけで、これが「ジェンダー・エクスプレッシブ・モデル」だ。この話を聞いて、私なんかは、「ああ、人間って、こんなにも小さな頃からジェンダー化ないし社会化されるんだなあ」って思うけど、みんなはどう思う？）。

†ジェンダー・パフォーマティヴィティ――「演技」を例に

バトラーが提示した「ジェンダー・パフォーマティヴ・モデル」はこのような「ジェンダー・エクスプレッシブ・モデル」をちょうど逆転させたようなものだ。一般的に「生来の本質」が「外側」に表出されたものとして考えられがちなジェンダーという「行為」だが、実は、その「行為／パフォーマンス」の反復や積み重ねによって、「内側」にあるとされている「本質（と想定されているもの）」があたかも最初から存在するかのように事後的に作られていく、というのがバトラーの見方だ。

「ジェンダー・エクスプレッシブ・モデル」が「内⇓外」という図式だとすると、「ジェンダー・パフォーマティヴ・モデル」は「外⇓内」という図式であると整理できる。そして、「ジェンダー・パフォーマティヴ・モデル」の見方に拠れば、「内側」にあるとされる「本質」は実際には「本質」などではなく、そのようなものとしてみなされ、構築され、錯覚され、自然化されていく、ということになる。

だから、バトラーはこう言う。

> ジェンダーは名詞でもなければ、自由に組み合わせる一連の属性でもない。というのは、ジェンダーの実体的効果がパフォーマティヴに生産され、ジェンダーに一貫性をもたらすよう規制する実践によって強制されることを私たちは考察してきたのだから。したがって、これまで受け継がれてきた実体の形而上学の言説の内部において、ジェンダーはパフォーマティヴなものであったことがわかる。パフォーマティヴなものだということはすなわち、そういうものであると語られることで当のアイデンティティを構成するということだ。この意味で、ジェンダーはつねに「行うこと」である――と言っても、その行動の前に存在すると考えられている主体が「行う」ということではない。〔……〕ジェンダーの表出の背後にジェンダー・アイデンティティは

存在しない。そのアイデンティティは、表出の結果だと言われているその当の「表出」によってパフォーマティヴに構成されるのだ。(Butler, 2010a=2006, p.34=58-59 強調原文)

このように、一般にジェンダー・アイデンティティをはじめとした「本質」が「表出」したものとしてジェンダーは考えられがちだが、バトラーはむしろ、その「表出」とみなされている「ジェンダー」という「行為」によって、「男である」とか「女である」といったアイデンティティが構築されると主張するのである。したがって、ジェンダー(gender)はもちろん文法的には名詞だが、現実の働きとしては「動詞」として――つまり、「行うこと」として――理解すべきだろう。

このような「ジェンダー・パフォーマティヴ・モデル」はまさに、「演技」を例にして説明することができる。なんらかのキャラクターを演者が演じるとして、当たり前だが、演者はそのキャラクターの「本質」や「アイデンティティ」なんて持ち合わせていない。台詞や感情表現、衣装など、「外側」にみえる「行為/パフォーマンス」の積み重ねを通して、そのキャラクターの「アイデンティティ」を作っていく。そして、それらの「行為/パフォーマンス」を観て、観客はその演者に当のキャラクター、そのアイデンティティを投影するわけだ。

バトラーはジェンダーを同様のモデルで考えたわけである。もちろん、日々行われるジェンダーは舞台の演技とは異なって、そのほとんどは無意識かつ無自覚に行われているわけだけど。ちょうど、ドラァグが自覚的になされるジェンダーという演技であれば、多くの人が普段行っているジェンダーという行為は無自覚になされている演技であると言えるだろう。自覚的、無自覚的の違いはあれど、両者のあいだに構造的な違いはないわけだ。

†自由にできるわけでも決定されているわけでもなく

ところで、このような「演技モデル」という説明の仕方を、『ジェンダー・トラブル』以降のバトラーは敬遠するようになる。それはこのような説明が多くの誤解を招きがちだったからだ。

ひとつに、「演技」や「パフォーマンス」というニュアンスから、「ジェンダーは自由に選択できる」という誤解が生まれてしまった。しかし、それが誤読であることは先に引いた引用文からも明らかだろう。実際、私たちが日々行うジェンダーという行為はむしろ「強いられる」ことのほうが多い。またそれとは逆に、バトラーのジェンダー・パフォーマティヴィティは「決定論」であるという誤解も生まれた。ジェンダーは権力によって強制され、私たちのアイデンティティはそれによって「決定」されるのだという解釈である。いわば、私たちは社会によって強制的に演技をさせられ、私たちの存在はそれによって決定されてしまうというわけだ。

いずれの解釈も否定するために、『ジェンダー・トラブル』以後のバトラーはオースティンの「パフォーマティヴ」やジャック・デリダの「引用性」の概念などを積極的に用いることになるんだけど、それは本書では扱わない。私の考えでは、「そもそも「演技」とは何なのか？」、それを正確に考えるだけで、先に挙げた誤解を払拭することができると思うからなんだ。

では、「演技」って何だろうか？　そもそも、「演技」というのは「自由な行為」だろうか。そうではないだろう。なぜなら、舞台上の演技というのは基本的に「台本」によって規定されるのだから。「台本」とまったく無関係で突拍子もないことはそもそも演技としては成立しないだろう。だから、演技というのはそもそも「自由な行為」ではないはずだ。

そしてまた、演技が台本によって規定されると言っても、だからといって、演者の行為が完全に「決定される」というわけでもないだろう。演者は台本を読み、自分なりの解釈をし、その解釈が結果として、舞台監督や脚本家の意図するところから逸脱することはあるだろうし、文脈的に沿っていれば、ある程度イレギュラーなアドリブを行うことだってできるだろう。したがって、演者による演技は、たしかに台本によって規定されるが、しかし「決定される」わけではない。また、同じ台本でも、演者が違えば異なる演技がなされることだろう。

ジェンダーにも似たことを指摘できると思うんだ。私たちのジェンダーという行為は社会的規範という「台本」によってある程度規定され、規制される。私たちは無文脈にジェンダーを自由に行うことはできないだろう。しかし、だからといって、その「台本」の存在によって完璧に「決定される」わけでもない。私たちはその「台本」から逸脱することもあれば、その「台本」に文句を言うこともできるのだから。だから、ジェンダーは「演技／パフォーマンス」だと言っても、それは「自由な行為」であるというわけでも、「完全に決定づけられた行為」であるということを意味するわけでもないんだ。

†「絶望の政治」に抗して

さて、『ジェンダー・トラブル』でもっとも有名と言っていい「ジェンダー・パフォーマティヴィティ」についてあくまで簡単にではあれ紹介したけど（詳しく書き始めると、もっと論じるべきことがあるんだけど、「入門書」ってことでこれくらいで許してほしい。てへぺろ）、改めて、ドラァグの話に戻そう。というか、ここまでの話で、バトラーのドラァグ論はパフォーマティヴィティの話とほとんど重なっていることがわかってもらえたかと思う。

ところで、ドラァグという文化、そしてニュートンのドラァグ・クイーンのエスノグラフィー『マザー・キャンプ』は、バトラーの理論を後押ししただけではなかった。それは、バトラー自身の「生」をエンパワメントするものでもあった。バトラーはニュートンの『マザー・キャンプ』を読んだときのことを次のように振り返っている。

ここで告白に似たものを紹介するが、それはただ告白というものが不可能だということを理論化するためである。若い頃、私は私の「存在」がコピーであり模倣であり、派生的な例であり、現実の影であるといわれることに長いあいだ苦しんだ。強制的異性愛は、オリジナル、真理、正統であると自称する。本物を決定する規範が意味するのは、レズビアン「である」ことはつねに一種のものまねで、市民権を与えられている異性愛の幻想にすぎない充足を自分も経験しようとするが、それはつねに失敗するだけの無駄な努力であるということだった。しかし、ドラァグがなんらかの真理や先立つジェンダーの模倣でもコピーでもないとしたエスター・ニュートンの『マザー・キャンプ』をはじめて読んだときのことを、私はいまでも鮮明に思い出す。ニュートンによれば、あらゆるジェンダーが本物だとみなされるために必要とするものまねの構造をドラァグは実演してみせるのである。(Butler, 2010b, p.127)

ドラァグのパフォーマンスが示すように、あらゆるジェンダーが「ものまね」であるのなら、ジェンダーに「本物」も「偽物」もない。しかし、当時のバトラーが実存的に直面していたのは、自らのジェンダーが「偽物」「コピー」「派生」「現実の影」とみなされ、扱われる経験だった(このようなバトラーが当時直面していた感覚も第一章で書いたことを想起すると、そのニュアンスがよりひしひしと伝わるんじゃないかなあ)。

あらゆるジェンダーは構造的には「ものまね」である。しかし、だからと言って、この社会において、あらゆるジェンダーが平等に扱われているわけではもちろん、ない。あるジェンダーを「本物/偽物」と価値づけるジェンダー規範が存在するのであって、そのなかでひとは「フツーの人」と認められたり、認められなかったりする。それどころか、「間違ったもの」として「矯正」の対象にされたり、からかいやいじめ、差別、暴力の対象にされたりする。まさにバトラー自身もそのような規範のなかで苦しんでいたのであり、だからこそ、あらゆるジェンダーが「ものまね」であって、「本物」も「偽物」もないとするニュートンの『マザー・キャンプ』にバトラー自身救われたのだと言える。

バトラー、そしてニュートンにとって、ドラァグにしろ、そしてこれからみていくレズビアンのブッチ／フェムにしろ、それらは「自然」に見える「本物の」「オリジナルな」ジェンダーに対する「パロディ」「偽物」「ものまね」ではない。そうではなく、二人にとって、あらゆるジェンダーは「ものまね／パロディ」である。バトラーにとって、ドラァグやブッチ／フェムが重要なのは、それらが「ジェンダーそれ自体の模倣の構造とその不確実性を暗黙裡に明らかにする」からだ。

しかし、このような理論化をバトラーが必要としたのは、前章でみた「アンチ・ブッチ／フェム・イデオロギー」のような、様々な「ジェンダー・パロディ」を「偽物」とみなし、それどころかジェンダー規範や異性愛規範の「再生産」とみなして非難する政治が（フェミニズムの内側でも外側でも）現に存在していたからだ。このように「ジェンダー・パロディ」を捉えて貶める政治のあり方を、バトラーは『ジェンダー・トラブル』で「絶望の政治（a politics of despair）」と形容している。「絶望の政治」とは、「自然や現実の領域から〔……〕周縁的なジェンダーを排除することを肯定する」政治であり、「パロディは絶望の政治を助長するために用いられた」（Butler, 2010a=2006, p.200=257）。バトラーの『ジェンダー・トラブル』はこのような「絶望の政治」に抗して書かれたと言えるんだ。

そこで以下では、バトラーが『ジェンダー・トラブル』で実際にどのように「絶望の政治」に抵抗して自らの理論を展開していったのか、バトラー自身が提示している二つの具体例を参考にしながら考察しよう。

†「彼女は働きすぎたので休養が必要です」

ここではバトラーが『ジェンダー・トラブル』で取り上げている二つの具体例のうちのひとつを取り上げよう。まず、この節で取り上げたいのは以下の例である。

> 近所のゲイ・レストランが休暇を取るため休業するとき、そのオーナーは「彼女は働きすぎたので休養が必要です」という看板を掲げる。(p.167=218)

この看板はゲイ男性のオーナーを“she”と呼ぶことで、彼を「女性扱い」するジョークだ。それはバトラーの言葉を借りれば、「女性的なもののゲイ的な流用」(Butler, 2010a, p.167) である。これに対して、バトラーは「これは女性的なものの植民地主義的な「領有」なのか」と問い、「私の理解ではノーである」と主張する。「そのような糾弾が前提にしているのは、女性的なものは女性に属すものだという思い込みであり、そのような思い込みはまったく疑わしいものである」(p.167=218)。

ここで、バトラーは言及していないものの、そしてまた、この具体例とも直接的に結びついているわけではないのだけど、レズビアン・フェミニズムにおけるトランス排除の問題を取り上げたい。たとえば、エスター・ニュートンはレズビアン・フェミニズムにおける「女」を「遺伝的女（genetic female）」（Newton, 2000, p.156）と形容し、批判している。それはニュートンが言うように、「トランスセクシュアル「女性」は、本当に純粋とされる女性から排除されていた」（p.156）からである。おそらくそこでは、オリヴィア・レコードという女性だけで構成されたフェミニストのレコード会社に雇用されていたトランス女性であるサンディ・ストーンが追い出された事件や、「女性に生まれた女性」に限るというポリシーで運営されたフェミニスト音楽祭であるミシガン女性音楽祭などの出来事が念頭にあるのだろう。

たとえば、言及するのも引用するのも嫌で嫌で仕方ないが、トランス排除で悪名高いレズビアン・フェミニストのジャニス・レイモンドはその著書 *The Transsexual Empire: The Making of the She-Male*（トランスセクシュアル帝国）（1979）において、トランス女性を「逸脱した男性」（Raymond, 1979, p.183）とみなし、「女性に危害を加えうる性犯罪者予備軍」のような存在として表象している。実際、彼女はトランス女性の存在を次のように描き出している。「レイプとは〔……〕男権主義者による身体的尊厳の侵害である。トランスセクシュアルはみな女性の身体を人造物におとしめ、それを奪取して我が物にするという形で、女性の身体をレイプする。〔……〕通常のレイプは力ずくだが、このような欺瞞によっても果たされる」(p.104)。驚くべきことに、レイモンドにとって、トランス女性はその存在そのものにおいて「レイピスト」なのである。そして、レイモンドは同書で、当時オリヴィア・レコードという女性だけで構成されたフェミニストのレコード会社に雇用されていたトランス女性であるサンディ・ストーンを攻撃した。したがって、レイモンドの著作は、当時行われていたレズビアン・フェミニストのコミュニティからのトランス女性の排除を理論的に後押しするものだった。

このような趨勢に対して、ゲイル・ルービンはバトラーによるインタビューのなかで次のように述べており、それにバトラーも同調している。

ルービン〔……〕ひとつはトランスセクシュアリティに関する議論でした。この議論が一九七〇年代後半に向けてメディアに登場する前にすでに、私はその議論の生物学的決定論的な性質にまったくあきれてしまったのです。男性から女性に転換したサンディ・ストーンがオリビア・レコーズに雇用された事件で、この問題がとうとう活字化されたのを契機に、レズビアンの出版界では女性は作られるのではなく、いかに生まれるのかということについて何本かの論文（House & Cowan）が発表されました。

そして、（それについて）私は……。

ルービン／バトラー　（いっしょに）嘆かわしいことだと思った。

（ルービン、バトラー、一九九七年、二九八頁）


だから、バトラーがゲイ・レストランの看板に触れて、「これは女性的なものの植民地主義的な「領有」なのか。私の理解ではノーである。そのような糾弾が前提にしているのは、女性的なものは女性に属するものだという思い込みであり、そのような思い込みはまったく疑わしいものである」と主張するとき、実際に、先に挙げたトランス排除の出来事のときのように、そのような「糾弾」があった（／ある）ということを意味する（バトラーが『ジェンダー・トラブル』を出版した当時、いまと同じように「トランスジェンダー」という言葉は広まっていなかったし、同書のなかで直接にトランスについて言及して考察することはほぼないが、それでも『ジェンダー・トラブル』をトランス排除を批判するテクストとして読む余地は十分にあると私は考えている）。

バトラーの「ゲイ・レストランの看板」の例により直接的に関わる社会的背景に関しては、たとえば同じインタビューのなかでルービンは次のようにも述べている。長くなるが、引用したい。

ルービン〔……〕一九七〇年代後半には、もうひとつの問題がゲイ男性の政治から提起されました。〔……〕ゲイ男性の文化的実践のほとんどが多くのフェミニストにとってはおぞましいものであり、そのようなフェミニストたちは、容赦なくドラアグやクロスドレッシング、ゲイのパブリック・セックス、ゲイ男性の乱交性、ゲイ男性の男性性、ゲイのレザー、ゲイのフィストファック、ゲイのクルージング、そして、ゲイ男性のしていることとすべてを非難していた。この内容すべてがなぜおぞましいものので、反フェミニズム的なのかということについての一般的に言われている理由を私は受け入れることができなかったし、それが再構成されたホモフォビアの表出であることは多いと考えました。〔……〕一九七〇年代後半には、ほとんどどんな性的バリエーションもフェミニズムの研究のなかではフェミニストの正当化をともなった否定的な用語で書かれていました。トランスセクシュアリティ、男性同性愛、乱交、パブリック・セックス、トランスヴェスティズム、フィティシズム、サドマゾキズムなどはすべてフェミニストのレトリックでは中傷され、女性の従属化の始まりと存続の主要な原因とされたのです。とにかく、こうしたかわいそうな性的逸脱たちがたちまち

家父長的支配の究極の表われであるとされたわけです。（三〇一—三〇二頁）

ここに挙げたものはまさに、バトラーが言うところの「絶望の政治」だ。そこでは、「自然」とされるジェンダー規範から「逸脱」したジェンダーやセクシュアリティは「おぞましいもの」として周縁に追いやられる。「絶望の政治」とはすでに述べたように、「自然や現実の領域から〔……〕周縁的なジェンダーを排除することを肯定する」政治である。

そして、このような「絶望の政治」に反対しながら、バトラーは「女性的なものを流用する」ゲイ・レストランの看板について次のように述べている。それが行っていることは「その単語〔"she"〕の適用場所を増やし、シニフィアンとシニフィエの関係が任意のものであることをあばき、そして、その記号を不安定化し、流動化させる」(Butler, 2010a=2006, p.167=218) ものであると。"she"という「女性的なもの」をゲイ男性に適用する実践は、セックスの「自然さ」——あるいは"she"という言葉によって喚起される「自然な」ジェンダー・イメージ——を「不安定化し、流動化させる」。したがって、その実践は「セックスそのものを非自然化する目的に寄与する」(p.167=218) のだとバトラーは評している。

このような「ゲイ・レストランの看板」に認められるようなパロディの例は、「セックス（性別）のカテゴリーを流用し再配備することによって、同性愛に特有の性的アイデンティティを増殖させる、ゲイやレズビアンの文化のなかの言説」（p.166=217）のなかにたくさんあり、それはたとえば、バトラー自身が挙げているもので言えば、「クイーン、ブッチ、フェム、ガール」といった言葉」や、「ダイク、クィア、そしてファグといった言葉のパロディ的な再流用」がそうである（p.166=217 強調原文）。「絶望の政治」のなかで、それらの「ジェンダー・パロディ」は、「自然や現実の領域から〔……〕周縁的なジェンダーを排除することを肯定する」ことを「助長するために用いられた」が、バトラーはむしろ、それらパロディ的言説や実践にセックスを「非自然化する」可能性を見出そうとしたんだ。

それでは、次に、同様の具体例として、バトラーのブッチ／フェム論における一例を取り上げることにしよう。

† "She likes her boys to be girls"

バトラーのブッチ／フェム論はレズビアン・フェミニズムのアンチ・ブッチ／フェム・イデオロギーに反対し、そして、ニュートンのように、ジェンダーの「不連続性」を肯定するものだった。具体的には、『ジェンダー・トラブル』で次のような、あるレズビアンのフェムが語った言葉についてバトラーは分析している。それは次のような言葉である。

ある一人のレズビアンのフェムは次のように説明した、すなわち、彼女は自分のボーイがガールであることを好む(she likes her boys to be girls)、と。(p.167=218)

私はこの一節を読んだとき、正直、頭がこんがらがった。自分の「彼氏」が「女の子であること」を好むということ? それとも、「ブッチ」がベッドでは「ボトム」であることを好むってこと? バトラーの解釈を次に紹介するにしても、ここで言及されている名もなきフェムは本当のところ何を言おうとしたんだろう、なんて、私はぐるぐる考えたりする。

さて、じゃあ、バトラーはこのある一人のフェムの「欲望」ないし「好み」をどのように解釈しているんだろうか。「それが意味しているのは」と、バトラーは次のように解釈している。ちょっと難しいんだけど、とりあえず引いておこう。

それが意味しているのは、「ガールであること」がブッチ・アイデンティティにおける「男性性」を文脈づけ、意味づけ直していることである。結果として、その男性性〔……〕はつねに、文化的に理解可能な「女性の身体」を背景にして浮き彫りにされる。その逸脱が生み出すこの不調和な並列と性的な緊張こそがまさに、欲望の対象を構成しているのだ。言い換えれば、レズビアン－フェムの欲望の対象（そして当然、それはひとつではない）は脱文脈化された女性の身体でもなければ、その身体とは別個の、そこに重ねづけされた男性的アイデンティティでもない。そうではなく、それはその両方の不安定化なのであり、それらが相互にエロティックに作用し合っているのである。(p.167=218)

読みづらいかもしれないけど、ここでバトラーが述べていることはそれほど複雑なことではない。バトラーは、「図（figure）」と「地（ground）」の関係で議論を進めている。「図」と「地」というのは、絵で言えば、「地」が「背景」にあたり、「図」は「地」を背景にして浮かび上がる事物などのことだ。たとえばだまし絵は、この「図」と「地」が入れ替わる錯視を起こす現象だ。なんでもいいけど、たとえば「ルビンの壺」なら、それが「壺」に見えたときは「壺」が「図」で、それ以外は「背景＝地」に見える。逆に、「向き合っている人」が見えるときは、それらの人が「図」で、逆にさっき「壺」に見えたものはただの「背景＝地」に見える。

ルビンの壺

バトラーはこのような考え方を用いて、ある一人のフェムの「欲望」ないし「好み」を説明しているわけだ。ブッチの「男性性（……）はつねに、文化的に理解可能な「女性の身体」を背景にして浮き彫りにされる」と。これは、（いわゆる）「女性の身体」が「地＝背景」にあり、それを背景にブッチの男性性が「図」としてくっきりと浮かび上がる、ということだ。つまり、ブッチの男性性は「女性の身体」を地＝背景にすることでより強調された形で「浮き彫りになる」、ってわけだ。地としての「女性の身体」とのコントラストによって、ブッチの男性性はより男性的なものとして知覚される――そう、このフェムは語っているのだ。あるいは、その「地」と「図」のあいだのギャップあるいは不連続性、それがエロスを生み出すのだ、と。

さて、ここでバトラーが言及している、ある一人のレズビアン-フェムの欲望における「男性的なアイデンティティ」と「女性の身体」の「並列」は、その二つのあいだに社会的に想定されている「内的な安定性」を失わせる効果をもつものでもある。一般には、「地」と「図」の関係は、「男性の身体」と「男性性」、「女性の身体」と「女性性」という具合に「連続」した、「内的な安定性」をもつもの、と考えられているからね。そして、この「不連続」あるいは「ギャップ」のエロス化は「より大きな複雑性の余地を認める」ものでもある、とバトラーは続ける。「重要なことに、「地」としての性別化された身体と、「図」としてのブッチあるいはフェム・アイデンティティとは入れ替わり、逆転しうるものであり、そして、様々な種類のエロティックな大混乱を創造することを可能にする」(p.168=219)。「図」と「地」の関係は「逆転」しうるものであり、先のフェムが語った欲望ないし好みもその一例にすぎないような「様々な種類のエロティックな大混乱を創造することを可能にする」。

したがって、ここまでの議論から次のようなことが帰結することになる。バトラーの言葉を借りれば、

ブッチとフェムのアイデンティティ、その両方において、オリジナル、あるいは自然なアイデンティティというまさにその観念が問いに付されている。そして、まさしくその問い、これらのアイデンティティに埋め込まれているような問いこそが、そのエロティックな意味の資源のひとつとなるのだ。(p.168=219)

ブッチとフェムのアイデンティティは、一般に「オリジナル」で「本物」とされている

ような「自然に適合しているように見えるジェンダー」のその〝自然さ〟を問いに付す。そして、そのアイデンティティにみられる「不連続性」あるいは「ギャップ」はそれ自体が「エロティックな意味の資源のひとつ」となるのである。そのアイデンティティも欲望も「自然に適合しているように見えるジェンダー」を非自然化させるのだ。

†バトラーからニュートンへ

ここまで、ニュートンの『マザー・キャンプ』からはじめて、バトラーのドラァグ論を考察し、次いでブッチ／フェムをはじめとした「ジェンダー・パロディ」を考察してきた。また、第一章でも、私はニュートンからバトラーへと議論を進めてきた。しかし、ここで最後にむしろ、「バトラーからニュートンへ」と、すなわち、ニュートンのある議論へと舵を切ることにしたいんだ。それはいわば、ここまでの議論に対する注意書きのようなものだと考えてくれてもいい。

そこで取り上げたいのが、ニュートンが一九九六年の論文〝Dick (less) Tracy and the Homecoming Queen〟で行った議論であり、それは結果的にバトラーのブッチ／フェム論を部分的に批判するものであったと言える。しかし、私はここで、そのニュートンの議論を、バトラーの『ジェンダー・トラブル』を補足するものとして読みたいんだ。そこでとくに焦点化したいのが（これまで並列的に扱ってきた）「ブッチ／フェム」と「ドラァグ」のあいだにある差異である。

たとえば、ニュートンはその論文でスー＝エレン・ケースの論文"Toward a Butch-Femme Aesthetic"（1993）を取り上げている。ニュートンによれば、ケースのブッチ／フェム論はそれらを「ドラァグ」の枠組みで捉えるものである。この意味で、ニュートン自身も言及しているが、ケースのこの理論的枠組みはバトラーにも共通している。すでにみたように、バトラーはドラァグ、ブッチ／フェムいずれをも「ジェンダー・パロディ」の具体例として捉えていたし、それらのあいだの差異については『ジェンダー・トラブル』では明示的に触れていないからね。

さて、ニュートンはその論文のなかでケースの以下の言葉を引いている。「ブッチ・フェムのカップルは、アイロニーとウィットに富んだキャンプの空間に、つまり、生物学的決定論やエリート主義的本質主義、そして性的差異の異性愛主義的分割から自由なキャンプの空間に、おどけた調子で住まう」（Case, 1993, p.305）。このようなケースの枠組みでは、たとえば「ブッチの着る服」は「ドラァグ」に相当するものとみなされることになる（Newton, 2000, p.64）。だが、本当に、「ブッチ／フェム」は「ドラァグ」と同じものなのなんだろうか、とニュートンは問うわけだ。

このようなニュートンの問いは自らの経験や実感に根差したものでもある。ニュートンは実に率直に次のように述べている。

> 五〇年代後半と六〇年代におけるブッチ・フェムのバー・カルチャーの私自身の経験が私に教えるのは、ブッチ・フェムはケースが断言したようにアイロニー的なものでもキャンプでもなかったということであり、少なくともその当時には、ジュディス・バトラーが示唆したようなパロディでもなかったということだ。それはとてつもなく真剣で、いつも「マジ（for real）」で、その感覚と雰囲気において、キャンプなドラァグ・クイーンのファビュラスでビタースイートな過剰性とはまったく異なったものだった。（pp.64-65）

これに関連して、ニュートンが挙げている興味深い他の例を挙げよう。それは、リンという、あるブッチの語りである。「リンにとって、彼女のゲイの（本当の／ブッチの）ジェンダーの服装、つまりタキシードは、コスチュームではなく、むしろ本当の自分の記号である」（p.86）。これに対して、結婚式でドレスを着なければいけなかったときのことを、リンは次のように述べたという。「それは私にとってドラァグだった。これ（彼女のタキシードとネクタイ）は私にとってドラァグじゃない、それはおしゃれすることだ」（p.86強調原文）。このリンの語りからも、「ブッチ／フェム」が「ドラァグ」と同じものではないことがわかる。むしろ、「ブッチ／フェムであること」は「本当の」自分自身であるための「生きられたジェンダー」であると言える。それは当人の「実感」としてはパフォーマンスやパロディではないのだ。むしろ、反対に「結婚式でドレスを着なければいけなかったときのこと」のほうがリンにとっては「ドラァグだった」。

したがって、ニュートンはケースの論文に関して次のように結論づけている。「"Toward a Butch-Femme Aesthetic"は文化的なマニフェストであって、文化的な分析ではないし、「歴史の作り直し」ではあるが、歴史ではない」（p.89）。あるいは、それは「レズビアンをエンパワーする試み」ではあるが、「歴史や社会の理論ではない」（p.66）。これと同様のことを、バトラーの理論に対しても言うことができる。バトラーはブッチ／フェムとドラァグを「ジェンダー・パロディ」として考察していた。もちろん、バトラーにとって、これらの例は、あらゆるジェンダーがパロディの構造をもつということを示すものであって、ブッチ／フェムがそのアイデンティティや生を実際に「パロディ」として生きているということを言ったわけではない。それはあくまでも、あらゆるジェンダーの構造を分析したものであって、また、その観点から、当時のレズビアン・フェミニズムにおいて「異性愛の再生産」としてバッシングされていたブッチ・フェム文化を読み直し、そうすることでエンパワーする試みだった。しかし、それでもなお、ケースとバトラーの理論的枠組みにおいて消失しているのは、「ブッチ／フェムが自らのアイデンティティと生をいかに具体的＝身体的に生きているのか」という「生きられているものとしてのジェンダー」に関する問いである。

ここでニュートンの論文を差し挟むことでみえてくるのは、バトラーはあらゆるジェンダーが「ものまね／パロディ」であることを示すためにブッチ／フェムを引き合いに出したのであって、彼女たち自身が自ら意図してパロディを実践しているということではないということだ。実際、バトラー自身も論文"Imitation and Gender Insubordination"（模倣とジェンダーへの抵抗）(1991)のなかで次のように述べている。「これ（レズビアンであること）は、私が根本的に距離を取れるようなパフォーマンスではない。というのは、これは私に深く根づいた演技であり、心的に染みついた演技であり、そして、この「私」はそのレズビアニズムを役割として演じているのではない」(Butler, 2010b, p.125 強調原文)。

したがって、ニュートンの批判的な問いかけは、ケースやバトラーを真っ向から批判するものであるというよりも、それらの理論への批判的な補足として読むべきものだ。「ブッチである／フェムである」ことがそのひと自身にとって「パロディ的実践」としてではなく、自己にとって「真正な（authentic）」ものとして生きられたジェンダーなのだ。

したがって、以下のニュートンの重要な主張は、ケース、そしてバトラーの理論に対する注意深い補足として読まれるべきである。そして、私たちは第四章で再び、以下のニュートンの言葉に立ち戻ることになるが、その際にも改めて私が言いたいのは、これがバトラーの『ジェンダー・トラブル』の重要な主張でもあるということ、以下の一節においてニュートンとバトラーの議論は明らかに重なっているということ、なんだ。

パフォーマンスの理論家はポストモダン社会におけるジェンダー（同性愛者のジェンダーを含む）の脱中心化にかかわることを理解しているが、しかし、彼／女らは誤って、ゲイ男性やレズビアンの表象が仮想的な「アイロニーとウィットに富んだキャンプな空間」において生じ、「生物学的決定論やエリート主義的本質主義、性的差異の異性愛主義的分割から自由なのだ」と提唱する。〔……〕キャンプもブッチ・フェムもジェンダーを生物学からたしかに切り離す。しかし、その目的と効果はジェンダーをなくすことではない（それはとにかく望みの薄いプロジェクトだろう）。むしろ、ジェンダーの意味を増やすこと、その意味に磨きをかけることこそがその目的であり、効果だ。ブッチ・フェムとキャンプは、本質主義や、「真正な（同性愛の）自己が存在する」という観念を粉砕するのではない。むしろ、それは彼女らの土台＝基盤(foundation)である。(Newton, 2000, p.87)

したがって、ここでニュートンが鮮明に論じているのは、たしかにブッチ／フェムは「ジェンダーを生物学から切り離す」が、しかし、そこで生きられているジェンダーは「パロディとしての自己」ではなく、「真正な自己」「本物の私」という感覚である。そのジェンダーはまさに、彼女らの「土台／基盤(foundation)」を形成しているのだ。

第３章

〝You make me feel like a natural woman〟

Aretha Franklin 〝(You Make Me Feel Like) A Natural Woman〟

†「女のように／男のように感じる」？

本章のタイトルの言葉はアレサ・フランクリンが歌う「ナチュラル・ウーマン」の歌詞の一節だ。直訳すれば、「あなたが私を自然な＝ありのままの女のように感じさせる」だろうか。ヘテロセクシュアルの女性がおそらくは恋人である男性の存在に夢中になって、「彼」といるだけで、自分のことを「〝ずっと〟女らしく」、「自然な女のように」感じる、そんな情景が浮かぶ。

ところで、これと関連すると思うのだけど、ヘテロセクシュアルの女性のなかには、「背の高い男性」がタイプだと言うひとがいる。私はその理屈があんまりわかっていなかったのだけど、先日、背の高い男性――私より二〇センチほど身長が高い男性――と一緒に街を歩く機会があった。彼よりも二〇センチも背の低い私は、彼の隣を〝ちょこんと〟歩きながら、自分のことを「とってもかわいらしく」感じた（「私、いま、ちょーかわいくね？」みたいな）。もしかして、と私は思った――「背の高い男性」がタイプの女性はその「彼」の「背の高さ」に「男らしさ」を感じると同時に、その隣で〝ちょこんと〟している自分に「女らしさ」を感じているのかもしれない。そしてそうだとしたら、当然、「背の低い女性がタイプのヘテロセクシュアルの男性」も同様なのだろう。

“You make me feel like a natural woman”という表現——ちなみに、その表現を私なりにかなり意訳するなら、「あなたといると、すっごく女のように感じる」かな——は、それが多くの（とくに）異性愛女性たちに実感やリアリティ、共感をもたらすからこそ歌詞として成立する表現である。「私」を愛してくれている恋人である男性の存在、それによって、より〝女〟を感じる「私」。

しかし、この表現は、世の中に波及しているジェンダー規範という「常識」（とやら）に照らすと、奇妙でおかしな、冗長な表現である。だって、この社会って、そしてその構成員の多くは、「生まれたときに割り当てられた性別」、生まれたときにお医者さんが決める性別、あるいは端的に性器の形によって、「性別」とやらが決まると広く考えているんでしょ？ それなら、“You make me feel like a natural woman”という表現はいかにも冗長な二重表現であり、つまり「無意味な」表現であるはずだ。「自然な女のように感じる」とか「すっごく女のように感じる」って、いや、そう感じるもなにも、あなたはもともと“a natural woman”じゃん？ 世のジェンダー規範に照らせば、あなたは生まれ落ちたそのときから「自然な女（あるいは男）」であるはずなのだから。「隣にいる恋人の背が高い／低いから何？ 別に、もともと、あんたは「自然な女／男」じゃん？」というわけだ。

しかし実際のところ、このアレサの歌詞は「実感」や「共感」をもって多くの人に迎えられるのである。この事実はむしろ、自分を「自然な女のように」感じる、あるいは「すっごく女のように」感じるということに「リアリティ」があることを示している。それは実は言い換えれば、「女であること／男であること」が生物学的に決定されているわけではないことを結果として知らず知らずのうちに語ってしまっている。どうやら、お医者さんに「女の子ですよ〜」って言われただけでは「十分には女ではない」らしい。

身長の例に関して言えば、まさにこれはジェンダーの例だ。だって、身長の高さ／低さは相対的なものなんだから。一五〇センチの女性にとって一七〇センチの男性は「背が高い」（そして「男らしい」）かもしれないが、一七〇センチの女性にとってはそうではないだろう。「背の高さ／低さ」が「男らしさ／女らしさ」と結びついているのなら、その「男らしさ／女らしさ」はまさに両者の身長の関係によって変化するのであって、本質的に、つまりすべてのひとに当てはまるような仕方で、「〇〇センチ以上の男性は男らしい」などと言うことはできない。それはむしろ、関係によって変化する不安定なものだ。

“You make me feel like a natural woman”というアレサの歌詞、あるいは一般に「女のように感じる／男のように感じる」といった「実感」は、ジェンダーが生まれつきのものではないこと、むしろ、社会や他者との関係のなかで培われていく、つまり形成されていくものであることを結果的に語ってしまっているのだ。

†バトラーからボーヴォワールへ

ここまでアレサ・フランクリンの歌詞についてあだこうだと語ってきたのは、まさにバトラー自身が『ジェンダー・トラブル』でこの歌詞について考察しているからだ。バトラーはたとえば次のように述べている。

> 女が「女のように感じる」と言ったり、男が「男のように感じる」と言ったりすることが前提にしているのは、いずれの場合においてもその主張が意味のない同語反復ではないということだ。〔……〕〔そこでは〕ジェンダー化された心的気質や文化的アイデンティティの経験は達成物と考えられているのである。(Butler, 2010a=2006, p.30=54)

先にも述べた通り、「女が「女のように感じる」と言ったり、男が「男のように感じる」と言ったりすること」は無意味な表現ではなく、そこにたしかな「実感」があるからこそ用いられるフレーズである。そして、このことからバトラーが指摘しているのは、私たちもすでにみたように、しばしば「実体」や「本質」として、つまり「生まれつき備わっているもの」として考えられがちな「ジェンダー化された心的気質や文化的アイデンティティの経験」が実際には「達成物」であるということ、つまり「日々の努力」ってやつで実感を得られるものってことだ。

ところで、本文中ではこの引用部の後にアレサ・フランクリンの歌詞についての考察がつづくのだが、ここではまず、そこに付された注で論じられていることを先にみていきたい（また、注かよっ）。

バトラーはそこで次のように述べている。

> キャロル・キング作詞のアレサの歌はジェンダーの自然化にも疑義を差し挟むものだ。「自然な女のように」というフレーズが示唆しているのは、「自然」はアナロジーや比喩を通して達成される他ないということである。言い換えれば、「あなたが私を自然のようなもののように感じさせる」のであり、もし「あなた」がいなければ、なんらかの非自然化された地が露わになるだろうということだ。(p.212=266)

一見すると、アレサの歌詞“You make me feel like a natural woman”は巷に溢れてい

る異性愛の恋愛のシーンを思い起こさせるものであり、「あなた／彼」との「ハッピーな一瞬」、その「一瞬」において「私」が〝女〟を感じる、その「最高の瞬間」を切り取った歌にみえる。どうして、その歌詞〝You make me feel like a natural woman〟が「ジェンダーの自然化にも疑義を差し挟むもの」なのだろうか。

この注で、バトラーは自らの論文への参照を促している。それは〝Gendering the Body: Beauvoir's Philosophical Contribution（身体をジェンダ化する——ボーヴォワールの哲学的貢献）〟（1989）という論文で、そこでバトラーは、「人は女に生まれない、女になる」というボーヴォワールの思想のもとでアレサの歌詞を読解している。これからその論文をみていきたいのだけど、その前にシモーヌ・ド・ボーヴォワールの『第二の性（Le Deuxième Sexe）』（1949）についてちょこっと紹介しておこうか。

†「女なるものは存在しない」

そこで、ボーヴォワールの『第二の性』をかいつまんでみていこう（ちなみにさあ、『第二の性』の翻訳には二種類あってだね、生島遼一訳のものは構成そのものが訳者によって改変され、本文中の意味も真逆の意味になっている箇所がある。とてもじゃないが、おすすめできる代物ではないから、読むなら、「『第二の性』を原文で読み直す会」が訳したものにしようね。ってゆうか、訳者が原文の構成そのものを改変してしまうこと自体が驚きだ。これが「男性哲学者」による著作なら、きっとこんなことは起こらなかったはずだ）。『第二の性』は一九四九年に出版された著作で（だから、「ジェンダー」って概念も当時はなかったんだよねー。それなのに、彼女は『第二の性』で性別の社会構築性を明らかにしている。ボーヴォワールも"brave"だ）、「ひとは女に生まれない、女になる」という言葉で有名な本だ。

この章のはじめでアレサ・フランクリンの歌詞について考察したけど、少し似た話をボーヴォワールも『第二の性』の冒頭でしている。そこから始めよう。

「あれは女ではない」と決めつけられることがある。人類に雌がいるのは誰もが一致して認めているし、雌は今も昔も人類のほぼ半分を占めている。それなのに私たちは、「女らしさが危機に瀕している」と言われたり、「女でありなさい、女でいなさい、女になりなさい」と説教されたりする。つまり、雌の人間すべてが必ずしも女ではないことになる。（ボーヴォワール、二〇二三年、一二頁）

「あいつは女じゃない」という言葉はおそらく男性から女性へと浴びせられる言葉で、それはボーヴォワールの時代だけじゃなくて、現代にだって見受けられる言葉だろう。曰く、

「あいつは男みたいだから」とか、「あいつは色気がない」とか、そういう理由で、「あいつは女じゃない」んだとか。

こう書きながら、私は勝手に「なんでお前が勝手にジャッジするんだ⁉」とイライラするのだけど、ボーヴォワールの返し方は、嫌みや皮肉がたっぷり利いたクールなものだ。「人類に雌がいるのは誰もが一致して認めているし、雌は今も昔も人類のほぼ半分を占めている」という事実を彼らは知っているはずだ（よね?）。なのに、「あいつは女じゃない」とか言う。あるいは、「お節介な連中」が〝良心〟ってやつから「女の子らしくしなさい」と言ったりする。ということは、だ。ボーヴォワールが言うように、「雌の人間すべてが必ずしも女ではないことになる」。つまり、今風に、そして皮肉を込めて、言い換えるなら、「あいつは女じゃない」とジャッジするあれらの連中、「女の子らしくしなさい」と余計なお節介を働く人たちは語の厳密な意味で社会構築主義者なのである。つまり、彼／女らは（自覚はないだろうけどさ）、「ジェンダーが生まれつき決定されるものではなく社会的に構築されるものであるという事実」を私たちに実は教えてくれていることになるんだ（どうもありがとう！……なんてね）。

したがって、「女であること」の「本質」、つまり生まれつき備わっているような属性は存在しないことになる。足を開いて座っていると「女の子らしく足を閉じなさい」と言われ、口汚く話せば「女の子らしく丁寧に話しなさい」と言われる。あるいは、そんな圧を言外にかけられる。くり返しくり返し努力して得られる「達成物」としての「女／男」というジェンダー。「達成物」と言うと、「終着点」や「完成品」があるような印象を受けるかもしれないけど、そんなものは、ない。だって、その要求は終わりなくつづくのだから。だから、ボーヴォワールは先に引いた引用文のあとにこうつづける。

この女らしさとは卵巣から分泌されるものなのか。それともプラトン的イデアの天空に凝固しているものなのか。それを地上に引き下ろすには、フリルのいっぱいついたペチコートがあれば十分なのか。女らしさを体現しようと懸命になっている女たちはいるが、女らしさの手本が示されたことは一度もない。〔……〕生物学でも社会科学でも、女性、ユダヤ人、黒人の性格といった特定の性格を規定する不変の実体が存在するとはもう信じられていない。〔……〕今日もう女らしさが存在しないのは、これまで存在したためしがないからなのだ。（一二―一三頁）

ボーヴォワールがここで述べていることとは、バトラーが「ジェンダーとはものまねである」と言っていることと似たことだ。その「ものまね」には、オリジナルな台本などありはしない。だから、それは永遠に演じつづけられるような、決して完成することのない、終わりのない「ものまね」である。ボーヴォワールもまたここで述べているのは、「女らしさ」の「お手本」のような永遠の「本質」など存在せず、したがってだからこそ、「女でありなさい、女でいなさい、女になりなさい」と絶えず恫喝されつづけるということである。実際、バトラーは論文"Gendering the Body"で、「ボーヴォワールにとって、人は女「である」ことは決してない。というのも、生成＝なること（becoming）には決して終わりがないからだ」（Butler, 1992, p.255）と述べている（そして実は、アレサの歌詞もまた、結果的にこの事実を物語っているのだけど、そのことについてはもう少し待ってほしい）。

†「人は女に生まれない、女になる」

したがって、ボーヴォワールの有名な言葉「人は女に生まれない、女になる」はまさに、ジェンダーに「本質」などなく、絶えず「なる」という生成の状態にあることを端的に示す言葉だ。ここではまず、先に予告しておいたバトラーの論文"Gendering the Body"における注釈からその言葉の意味を考えてみよう。バトラーは次のように説明している。

ボーヴォワールに従って、ひとが女になるのならば、そのとき、ひとはつねに、ジ

> エンダーになることのプロセスの渦中にあることになり、そして、そのプロセスそのものはどんな目的論的な終わりもない。この意味で、ジェンダーとはプロジェクト、スキル、追求、事業であり、産業でさえあり、その目的は他のものではないある歴史的な観念を指示するよう身体に強いることである。人が男である、あるいは女であると主張する代わりに、自己同一的な名詞という現実に用いられているボキャブラリーを、行為や努力といったボキャブラリーに代える必要がある。(Butler, 1992, p.256)

言い換えれば、私たちはあるジェンダー「である」のではない。ボーヴォワールが言うように、私たちがあるジェンダー「になる」のであれば、私たちはジェンダーを、「する」という「行為」として、そしてその「行為」によって様式化されるものとして考える必要があるということだ。

しかし、ボーヴォワールの「女になる」という表現にしても、上のバトラーの説明の仕方にしても、ある種の誤解を招きやすい表現でもある。「〜になる」という表現には「能動性」や「自発性」を想起させるところがある（「オレは海賊王になる」的な）。でも、多くの人が当然知っているように、ジェンダーとはむしろ、強いられるものだ。私たちは〝自由に〟「ジェンダーをする」どころか、実際にはこの社会には明白に、「正しくジェンダーをすることをしないことに対する処罰が存在する」(p.256)。

ボーヴォワールが『第二の性』のなかで「女とは〈他者〉である」と述べるのはそのためだ。「人は女に生まれない、女になる」のだとしても、つまり、「女なるもの」の「本質」などなく社会のなかで「女になる」のだとしても、「オレは海賊王になる」的な感じで〝自由に〟「女になる」わけではない。むしろ、厳密に言えば、ならされるというほうが正確な表現だ。ボーヴォワールが「女とは〈他者〉である」と述べたのは、世の中の基準が「男」で、その基準に対する「特殊」ないし〈他者〉としての位置を女は強いられるということだ(ところで、この前さあ、コンビニでマスクを買ったんだけど、青い色のパッケージのマスクが「ふつう」サイズで、ピンク色のパッケージのマスクが「小さめ」サイズだった。人口比が大体半々なら、ピンクが「ふつう」サイズでもいいはずだよねえ? こんなところにも、ボーヴォワールの主張の説得性や正当性を感じることができるよね)。そして当然、「女が〈他者〉である」由縁は「本質」、つまり〝生来の性質〟とかそういうものではなくて、「男を基準として作られたこの社会の圧力の下で」そう強いられる、ってことだ。

†比喩としてのジェンダー

さて、以上の注意を押さえたうえで、バトラーのボーヴォワール解釈をみていきたいんだ。バトラーは件の論文で、ボーヴォワールの「人は女に生まれない、女になる」をラディカルに受け止めて次のように述べている。

ボーヴォワールの定式、つまり、人はそのジェンダーになる、そして同じことだが、ジェンダーとは生成＝なることであるという定式を厳格に考えるときに私たちが気づくのは、セックスとジェンダーのあいだに必然的な関係はないということだ。（Butler, 1992, p.261）

これと同じことは『ジェンダー・トラブル』でも語られている。それも引いておこう。

ボーヴォワールの理論は、彼女自身がおこなった以上の、ラディカルと思える結論を暗示している。たとえばセックスとジェンダーが根本的に異なるものであるならば、所与のセックスであることは所与のジェンダーになることであるということを導かない。言い換えれば、「女」はメスの身体の文化的な構築物である必要はなく、「男」はオスの身体を解釈する必要はない。（Butler, 2010a=2006, p.152=200-201）

実際、ボーヴォワールは生物学的な意味においても「女らしさ」なるものの「本質」の存在を否定し、そして「人は女に生まれない、女になる」と主張したのだった。そうだとすれば、ここでのバトラーの解釈――「セックスとジェンダーのあいだに必然的な関係はない」――を理解することは十分に可能だろう。一応、この「セックスとジェンダーのあいだに必然的な関係はない」というバトラーの解釈について念のためもう少し丁寧に説明しておくと、ここでバトラーが言いたいことはセックスとジェンダーのあいだには「因果論的な関係」（Butler, 1992, p.261）はない、ということだ。つまり、セックスがジェンダーやセクシュアリティを因果論的に決定することはないはずだ、ってことね（だから、よく誤解されがちだけど、「セックスは存在しない」ってことではないよ）。

そして、実はこのことを示す例として取り上げられているのがアレサの歌詞なんだ。たしかにその歌詞は多くの人に、「アレサが自然な女のように感じると述べるとき、彼女の喜びは彼女の性別（sex）の自然な表現＝表出であると理解される」（p.258）だろう。つまり、アレサの「喜び」、つまり「彼」を愛するという欲望あるいはセクシュアリティの成就、それによって「自然な女のように感じる」というジェンダーの達成、それらによってもたらされるアレサの「喜び」は生物学的な「性別」に由来し、そして、セックス、ジェンダー、セクシュアリティの一貫性や連続性を表現しているのだ、と。

しかし、とバトラーは次のように言う。

アレサが一人の自然な女のように感じられると言っていることに注意しよう。彼女は直喩を用いており、それは、自然な女というのが形象やフィクションであると彼女が知っていることを示唆しているのである。彼女の主張はそのとき、以下のように翻訳されるように思われる。すなわち、「あなたは一瞬のあいだ、私に幻想をみることを可能にする。私が偽物だって知っているけど本当だったらいいのにって願っている、私のセックス、ジェンダー、そして欲望が一貫したものだと思わせる経験を」。そのとき、アレサはボーヴォワールに反抗してなどいない。むしろ、彼女が私たちに与えているのは、自然で実体的なジェンダー・アイデンティティという幻影の引力についての理解だ。（p.258 強調原文）

アレサが（自覚的であろうと無自覚的であろうと）気がついていること、それは「自然な女」というものがつねに〝～のようなもの〟という「比喩」でしかないということなのだ。それはつねに「つかの間のファンタジー」なのだ。この点で、バトラーに倣えば、アレサは実は、「人は女に生まれない、女になる」と述べたボーヴォワールと近い場所にいることになるんだ。

†「この子は女の子／男の子だ！」

ところで、アレサの歌詞“You make me feel like a natural woman”に関する考察はまだまだつづく。その上で、バトラーが『問題＝物質となる身体（Bodies That Matter）』（1993）で提示している「クィアなジョーク」を紹介しておきたい。

まず、次のような場面を想像してほしい。あなたの知り合いが子どもを出産したとする。たいがいのひとはこう言うだろう――「女の子？ 男の子？」と。そして、その友だちは言う――「女の子／男の子だよ！」生まれ落ちたそのときから、いや、超音波技術が発達した現在では、生まれ落ちるその前から、「女の子化／男の子化（girling/boying）」がはじまる。

ところが、バトラーが取り上げるマンガの例では、生まれたばかりの赤ん坊をみて、「この子は女の子／男の子だ！」と言う代わりに、こう言われる――「この子はレズビアンだ！」

これを受けて、多くの人はこう言うにちがいない――この子がレズビアンかどうかなんてわからないじゃないか、と。そう、その通りである。その子がレズビアンであるかどうかなどということは、生まれたばかりの赤ん坊を一瞥してわかることではない。しかし、あなたがそう言うのなら、当然、あなたは次のことも主張しなければならないことになる——すなわち、その子が異性愛者かどうかなんてことはその赤ん坊を一目見てわかるはずがないじゃないか、と。くり返そう、そう、その通りである。

「この子はレズビアンだ！」という台詞をバトラーが「クィアなジョーク」と形容するのはそのためである。「この子は女の子／男の子だ！」という言葉には、「この子は女の子／男の子だ、だから、成長すれば異性に恋をし、ゆくゆくは結婚するだろう」、そんな社会的期待（ないし幻想）が暗黙のうちに想定されていることを暴いてみせるからこそ、それはクィアなジョークなのである。

ここで重要なのは、このような言外の期待（ないし幻想）が「この子は女の子／男の子だ！」という発話と密接にくっついているということである。「この子は女の子／男の子だ！」という口に出された言明と、「この子は異性愛者だ！」という言外の言明が暗黙に結びついているのだ。このことからわかるのは、どうやら、〝「男／女」と性別を二分する操作〟が〝異性愛を「自然」「当たり前」とする規範〟と緊密に関係し合っているらしいということである。実際、まさにバトラーが『ジェンダー・トラブル』で明らかにしたのは、この「二つの性別」という考え（性別二元論）が異性愛規範と結びついていることである。

そこで、アレサの歌詞を思い出してほしい。そう、アレサは"You make me feel like a natural woman"と歌い、自分が「自然な女のように感じる」ということを「あなた」──つまり、アレサの「他者」、すなわち、この場合は「男性」──の存在によってもたらされたと語っているのだ。どうやら、「女/男のように感じる」ということは異性愛的な〈他者〉の存在と関連しているらしい。

バトラーは『ジェンダー・トラブル』でアレサの歌詞をまさにこのような観点から考察している。しかし、その議論に進む前に、ここでモニク・ウィティッグという人のフェミニスト理論の一部をみておきたいんだ。それは以上のようなバトラーの理論の先達としてウィティッグの理論があるからであり、むしろ、ウィティッグがそのような視点をバトラーに与えたと言えるからなんだ。

†政治的カテゴリーとしてのセックス

モニク・ウィティッグはレズビアンの小説家でフェミニスト理論家である。フランス出身で、フランスでも第二波フェミニズムにコミットメントしていたが、一九七六年にはアメリカ合衆国に移住し、彼女特有のフェミニズム理論を展開することになる。私はウィティッグのことを説明するとき、彼女を「早すぎた」か「遅すぎた」フェミニスト理論家と紹介することが多い。そのように紹介する理由を説明しながら、ウィティッグの理論を簡単に確認していこう。

先に述べたように、ウィティッグは一九七〇年代にアメリカに移住し、そこで自らのフェミニスト理論を展開していった。彼女によれば、「セックス」とは「女性」を「男性」との関係で規定するものだという。それは「女性に「種」の再生産、すなわち異性愛の再生産の義務を課す異性愛社会の生産物であ」り、女性が「異性愛化される」ことを「自然」とみなすカテゴリーである、と（Wittig, 1992, p.6）。したがって、彼女は次のように述べている。「セックスは社会を異性愛的なものとして作り出す政治的カテゴリーである」(p.5)。

ところで、この「セックスは社会を異性愛的なものとして作り出す政治的カテゴリーである」というウィティッグの言葉は『ジェンダー・トラブル』のエピグラフでも引かれており、また、『ジェンダー・トラブル』の本文中でもウィティッグの理論や小説は相当に分量を割かれて議論されている（残念なことに、『ジェンダー・トラブル』の邦訳では、ウィティッグのこの言葉は「セックスのカテゴリーとは、社会を異性愛的なものとみなす政治上のカテゴリーである」と訳されてしまっている。これは明白な誤訳で、"found"を"find"の過去形としてとってしまったもので、実際には現在形の〝found〟つまり「設立する」という意味である。あと、一応念のため言っておきたいんだけど、ニュートンのときの〝brave〟にしてもそうだけど、読者のなかには私が竹村さんの訳に〝いちゃもん〟や〝難癖〟をつけているように思う人もいるかもしれない。でも、私は竹村さんの翻訳を介してバトラーに出会ったし、竹村さん自身の著作や論文に多大な影響を受けた人たちのひとりだ。もし竹村さんがいなければ、研究者としての私の存在は影も形もなかったにちがいない。だから、私が竹村さんの訳に〝いちゃもん〟や〝難癖〟をつけているにしても、それは私の竹村さんへの愛の表明、彼女に対する私なりの恩返し、と考えてほしい)。

ウィティッグは、セックスを「あらゆる社会の前に」(p.5)あるような「自然的なカテゴリー」ではなく、それ自体を「政治的なカテゴリー」とみなしたのだった。そして、「男/女」と性別を二分すること自体が「社会を異性愛的なものとして作り出す」ことを示したのだった。

ところで、このような理論的観点から、ウィティッグは驚くべきことを主張する——すなわち、「レズビアンは女ではない」と。

不思議な主張だが、ウィティッグが言っているのはこういうことだ。「女」と「男」、そしてそのカップリングが「社会を異性愛的なものとして作り出す」カテゴリーであるのなら、同性愛はそのような「男／女」という異性愛的カテゴリーの「外部」にあるものだ。同性愛が「異性愛」という制度の「外」にあるのなら、レズビアンは「異性愛」という「制度」を成り立たせているところの「女」と「男」のカップリングを想起させるものとしての「女」ではないことになる、と。ウィティッグは「レズビアン」を、異性愛制度、そしてそれを成り立たせている性別二元論を超越した「抵抗の主体」として肯定するわけだ。

さて、ここでウィティッグがこう主張したアメリカ合衆国の時代背景を考えてみよう。それは一九七〇―八〇年代のことだった。ということは、当時のアメリカにおいて、第一章や第二章でも言及していたレズビアン・フェミニズムが興隆していた時代だった、ということになる。そして、レズビアン・フェミニズムにおいて、「レズビアン」とは「女に同一化する女」と定義されていたのだった。まさに、ウィティッグはそのような文脈において「レズビアンは女ではない」と主張したのだった。これは私の推測になるのだが、当時のアメリカのフェミニストたちは、ウィティッグが何を言っているのか、本当に分からなかったんじゃないかと思う。「レズビアン」が「女に同一化する女」と理解されていたのであれば、ウィティッグの「レズビアンは女ではない」はそれとは真逆のことを主張していることになるのだから。この意味で、ウィティッグの理論はいわば「早すぎた」のだと言えそうである。

そして、さらに付け加えるなら、とくに日本の読者の多くはウィティッグのことを一九九九年に翻訳出版された『ジェンダー・トラブル』を介して知ることになったと思われる。そこで読者はウィティッグのことを知ると同時に、ウィティッグに対するバトラーの批判を同時に知ることになる。つまり、ウィティッグは「バトラーが批判した人」として紹介されたことになる。だから、そのときすでに、ウィティッグのことを知るには「遅すぎた」ということになる。つまり、ウィティッグが私たちに残してくれた「遺産」のほうはあまり顧みられないことになっちゃったわけだ(これじゃあ、ウィティッグがあんまりにもかわいそうな気がするのは私だけだろうか……?)。

†**「しかし、もしアレサが私に向かって歌っているのだとしたら、どうだろう?」**

「レズビアンは女ではない」というウィティッグの主張は『ジェンダー・トラブル』で明白に批判されることになるが、いまはそれは置いておこう(次章で取り上げるね)。ここで確認しておきたいのは、「二つの性別」という考え方そのものが異性愛を「自然なもの」として作り上げる、というウィティッグの理論だ。この理論がバトラーに引き継がれていること、そのことをバトラーのアレサの歌詞の考察を通してみていこう。

そこで、『ジェンダー・トラブル』でバトラーがアレサの歌詞について書いている箇所に戻ろう。最初に引いたときは部分的な引用だったから、今度は該当箇所を全文引用するね。

女が「女のように感じる」と言ったり、男が「男のように感じる」と言ったりすることが前提にしているのは、いずれの場合においてもその主張が意味のない同語反復ではないということだ。所与の解剖学的存在で「ある」ことは何の問題もないことのように思えるかもしれないが（私たちはのちに、そのようなプロジェクトもまた困難を孕んだものであることを考察するだろう）、実際には、ジェンダー化された心的気質や文化的アイデンティティの経験は達成物と考えられているのだ。したがって、「女のように感じる」ことが真実となるのは、アレサ・フランクリンの「あなたが私を自然な女のように感じさせる」という言葉にみられるように、女を定義する他者が想定される限りにおいてのみである。このような達成が要求するのは、反対のジェンダーからの差異化である。したがって、人があるジェンダーであるのはそのひとが他方のジェンダーでない限りにおいてであり、このことはその二元的な対にジェンダーを制限することを前提にし、強化している。（Butler, 2010a=2006, p.30=54）

アレサの歌詞「あなたが私を自然な女のように感じさせる」はすでに述べたように、ジェンダーが「達成物」であることを暗に語っているものだった。しかし、ここでバトラーが述べているのはそれだけではない。「あなたが私を自然な女のように感じさせる」という歌詞は、「あなた」という他者を引き合いに出しており、その他者のおかげで自分を「自然な女のように感じる」という感情を言葉にしたものだ。したがって、バトラーが言うように、「「女のように感じる」ことが真実となるのは、アレサ・フランクリンの「あなたが私を自然な女のように感じさせる」という言葉にみられるように、女を定義する他者が想定される限りにおいてのみである」。つまり、アレサがおそらくは知らず知らずのうちに語ってしまっているのは、ジェンダーが「達成物」であるということだけではなく、ひとがあるジェンダーであるためには「異性愛的な他者」が必要とされるということだ。ウィティッグやバトラーと同様に、アレサは女／男というジェンダーの構築が「異性愛」（という制度）と不可分の関係にあることを示唆しているのだ。

だからこそ、バトラーは「模倣とジェンダーへの抵抗」（1991）で、こう、クィアに問いかける。

しかし、もしアレサが私に向かって歌っていたとしたら、どうだろう？　あるいは、アレサが、そこに彼女自身をともかくも確認できるパフォーマンスを行っているドラァグ・クイーンに向かって歌っているとしたら？　(Butler, 2010b, p.134)

いまでこそノンバイナリーを自認しているバトラーだが、当時はレズビアンとしてカミングアウトしていた（また、公式には述べていないと思うが、バトラーの写真からの印象では「ブッチな」恰好や見た目をしている）。もし、アレサがその歌詞をバトラーに向かって歌っていたとしたら、どうだろう？　二人が恋人だったら？　あるいは、アレサのものまねをしてみせるドラァグ・クイーンに向かって、アレサが歌っているとしたら？……えっ、もうなにがなんやらこんがらがっちゃうって？

これらの例は少なくとも、先ほど紹介した赤ちゃんに対する「クィアなジョーク」のように、私たちがひとを「女／男」に分ける操作が異性愛を前提にし強化している、その社会的事実を明るみに出すだろう。いや、むしろ、それどころか、ウィティッグと同様にバトラーもまた主張しているのは、「異性愛」という制度こそが「女／男」の差異化を要求しているのではないか、ということだ。したがって、バトラーは『ジェンダー・トラブル』でアレサに言及していた箇所の近くで次のように述べている。

強制的で自然化された異性愛という制度はジェンダーを二元的な関係として要求し、規制する。その二元的な関係において、男という項は女という項から差異化され、そして、そのような差異化は異性愛的欲望の実践を通して成し遂げられる。二元的なもののなかで互いに対立する二つの契機を差異化する行為がもたらすのは、男女それぞれの項を安定化することであり、つまり、男女それぞれのセックスとジェンダーと欲望の内的一貫性である。(Butler, 2010a=2006, p.31-55)

アレサの歌詞を通してバトラーが主張していることは、明らかにウィティッグの理論と似ている。アレサもウィティッグもバトラーも、「自然な女」の形成に「異性愛」が絡んでいること、もっと言うと「女／男」という「二つの性別」が「異性愛」という制度によって前提にされ、強化されることを鋭く問いただしているのだ。

†「自然な女／男」のレシピ

さて、ここまで、長々とアレサ・フランクリンの歌詞を中心に話してきたけど、結局、アレサは私たちに何を教えてくれているんだろう？　それは言ってしまえば、この社会のなかで「自然」とされている「女／男」がどのようにして作られるのか、そのレシピだと言っていいかもしれない。

アレサの歌詞からみえてくるのは、「自然な女／男」がバトラーの言葉を借りれば、「セックス、ジェンダー、欲望の統一」（Butler, 2010a=2006, p.30=54 強調原文）として形成されるものだということである。

> ジェンダーが経験の統一、すなわち、セックス、ジェンダー、欲望の統一を意味しうるのは、ただ、セックスがジェンダーと欲望を必然化すると理解されるときにおいてのみである。そこでは、ジェンダーはその自己を心的かつ／あるいは文化的に識別するものと理解され、欲望は異性愛であり、それゆえそれが欲望する他方のジェンダーとの対立関係を通して差異化するものと理解される。男女それぞれのジェンダーの内的一貫性や統一性は安定した対立的な異性愛を必要とするのだ。（pp.30-31=54 強調原文）

「自然な女／男」であるということは実は、単にお医者さんに「女の子／男の子だよ～」と言われるだけでは十分ではない。その子どもはジェンダー化（女の子化／男の子化）されていく必要があるし、そして、アレサの歌詞が伝えていたように、この社会で「自然な女(a natural woman)」であるためには「異性愛者」であることが要求される。バトラーはこのような「自然な女/男」がどのように作られるのかを理論化して、それを、セックスとジェンダーと欲望の「統一」や「一貫性」と呼ぶ。要するに、〝雌であれば、社会的に女になり、異性である男性を愛するようになる(逆も然り)〟ということだ。そしてウィティッグと同様、バトラーがここで強調しているのは、異性愛という制度がなければ、女/男それぞれのジェンダーの「内的一貫性」や「統一性」は安定的に確立されないということ、この意味で、「男女それぞれのジェンダーの内的一貫性や統一性は安定した対立的な異性愛を必要とする」ということだ。

さらに、バトラーは言及していないが、アレサが黒人女性であることをここで想起してみてもいいだろう。ここで、バトラーは「自然な女/男」がどのように作られるかを「セックスとジェンダーと欲望の統一」と記述していたけど、そこにはセックスとセクシュアリティだけでなく、人種やエスニシティ、障害なども当然絡んでいる。実際、バトラーもまた、「言説的に構築されたアイデンティティにおける人種や階級、民族、セクシュアリティ、地域の様態とジェンダーが交差している(intersect)からである。その結果、ジェンダーがつねにそこから生み出され維持される政治的、文化的な交差点(intersections)

から「ジェンダー」だけを分離することは不可能なのである」（pp.4-5=22）と述べている（この引用した箇所に関しては第五章でさらに掘り下げることになる）。

たとえば、現在のオリンピックにおける「性別確認検査」を考えてみよう。現在の「性別確認検査」は全女性アスリートを対象にしたものではなく、そのアスリートが「女性かどうか」という「疑い」が持たれた場合に行われる。そして重要なことに、その「疑い」の対象は「発展途上国の選手、特にアフリカと南アジアの選手に偏っていること」が指摘されている（井谷）。この事例からわかるのは、「フツーの女性」として暗に想定されているのが「白人の女性」であり、それをモデルにして「女性かどうか怪しい人」をジャッジしているということだ。このように、そこで想定されている「フツーの女性」には人種の問題も絡まっていることがわかるだろう。

ジェンダーはどのように作られるのか。それはいかに「自然なもの」に見えようとも、複雑怪奇な現象であって、一口にこれが原因だと言うことはできない。「自然なジェンダー」とは、セックスやジェンダー、セクシュアリティ、人種、エスニシティ、障害といった様々な要素が安定的に統一されるときに形成される「つかの間のファンタジー」なのである。それはアレサが言ったように、どこまでも「自然な女のようなもの」という近似的な比喩でしかなく、そのものであることは絶対にできない、そんな代物でしかありえないんだ。

第 4 章

「ジェンダーをなくすんじゃなくて増やそう」って話

モニカ・ウィティッグ
(photo by Colette Geoffrey, Succession littéraire de Monique Wittig, CC BY-SA 4.0, via Wikimedia Commons)

†「ジェンダーをなくす」？

第二章の最後で、私は以下のニュートンの言葉を引いたのだった。本章ではその一節を再び引用するところからはじめよう（それにしても、これだけニュートンに登場してもらうバトラーに関する文章も珍しい。我ながら、ちょびっと呆れてしまう）。

パフォーマンスの理論家はポストモダン社会におけるジェンダー（同性愛者のジェンダーを含む）の脱中心化にかかわることを理解しているが、しかし、彼／女らは誤って、ゲイ男性やレズビアンの表象が仮想的な「アイロニーとウィットに富んだキャンプな空間」において生じ、「生物学的決定論やエリート主義的本質主義、性的差異の異性愛主義的分割から自由なのだ」と提唱する。〔……〕キャンプもブッチ・フェムもジェンダーを生物学からたしかに切り離す。しかし、その目的と効果はジェンダーをなくすことではない（それはとにかく望みの薄いプロジェクトだろう）。むしろ、ジェンダーの意味を増やすこと、その意味に磨きをかけることこそがその目的であり、効果だ。ブッチ・フェムとキャンプは、本質主義や、「真正な（同性愛の）自己が存在する」という観念を粉砕するのではない。むしろ、それは彼女らの土台＝基盤

（foundation）である。（Newton, 2000, p.87）

ここでニュートンが鮮明に論じていたのは、ブッチ／フェムは「ジェンダーを生物学から切り離す」が、しかし、そこで生きられているジェンダーは「パロディとしての自己」ではなく、「真正な自己」「本物の私」という感覚であり、そのジェンダーはまさに、彼女らの「土台／基盤（foundation）」を形成しているということだった。第二章では、ドラァグとブッチ／フェムの「差異」を確認し、バトラーの『ジェンダー・トラブル』を補足するために上記のニュートンの言葉を引いたのだった。

しかし、ここで再びニュートンの言葉を私が引くのは、ここでのニュートンの主張がまさにバトラーの『ジェンダー・トラブル』の主張と重なるものであると考えるからなんだ。ニュートンはブッチ／フェムの「目的」が「ジェンダーをなくすこと」ではなく、むしろ「ジェンダーの意味を増やすこと、その意味に磨きをかけること」だと論じている。そして、私の理解では、まさにこのことこそ『ジェンダー・トラブル』が目指したものだった。つまり、『ジェンダー・トラブル』は「ジェンダーをなくすこと」ではなく、「ジェンダーの意味を増やすこと」をこそ目指したものだった、と。

でも、バトラーの『ジェンダー・トラブル』はしばしば、ジェンダーなりアイデンティティなり身体なりを「なくす」思想として、肯定的な意味でも否定的な意味でも解釈されてきたことが多かったように思う。「脱アイデンティティ」とか「物質的身体の否定」……、といったふうに。ジェンダーを、アイデンティティを、物質的身体を〝なくす〟理論としての『ジェンダー・トラブル』……。そういえば、昔、私が大学学部生だった頃、授業かなにかでバトラーやスピヴァクを読む機会があったんだけど、そこである男性の参加者が「要するに、「アイデンティティはない」、ってことね」と総括したのを聞いたことがあった。これなどはそのような解釈の極端な例だろう（ところで、「アイデンティティは存在しない」とか「必要ない」とか日本人で異性愛者でシスジェンダーで健常者の男性がそう語るとき、彼らはそう語ることができる——つまり、普段、日常生活のなかで自分のアイデンティティ（日本人／男／異性愛者／シスジェンダー／健常者……）なんて気にかける必要がなく、感じることも、考えることもない——、その自らの特権的な位置を自覚しているのだろうか。してないよね。だから、言ってるんだもん）。

さて、この章でまず私が考えたいと思うのは、バトラーの『ジェンダー・トラブル』は「ジェンダーをなくすこと」を目指したものではない、ということだ。それどころかむしろ、そのような発想を批判したものこそが『ジェンダー・トラブル』だということを、ここではまず押さえたいんだ。

†「偏見がなくなる日」……？

そこでバトラーの議論をみていく前に、少し脱線することを許してほしい（まあ、いい加減、慣れてきたかな？）。大学の講義でジェンダーやセクシュアリティについて話していると、ときどき、こういう感想やコメントを寄せる学生がいる――「私には偏見なんてありません！」あるいは、こんな質問をしてくる学生もいる――「偏見がなくなる日はくるんでしょうか？」あるいはまた、こんなふうに悲観してみせる学生もいる――「偏見がなくなることなんてないと思います……」。

これらのコメントに対して、私はこんなふうに思うんだけど、授業ではそれをオブラートに包んで丁寧にリプライする。ここでは包み隠さず、私の思うところを率直に話してみよう――へえ、偏見ないんだ？　すごいねー。私にはすっごく偏見あるなあ、きっと、自分でも気づいていない偏見に私はまみれていて、そのせいで誰かを傷つけて、しかも傷つけた事実にも気づかない、そんなことがあるんだろうな、って。私は偏見まみれの人間で、そして、そのことを怖いと思う。いいなあ、偏見ないんだ？　えっ、「偏見がなくなる日」がくるかって？　きたら、いいねー、そんな日。ん？　私？　そんな時代も世界もこないと思うけど？　そして、それは単なる〝事実〟であって、残念ではあるけど受け入れないといけない事実で、勝手に悲観して諦めるのはおかしくない？

……隠さなさすぎたかな。やっぱり、丁寧に返していこう――「私には偏見なんてありません！」という意見（ないし幻想）を、私はとても危険な思想だと考える。仮に、その人がなんらかの偏見を気づかないうちにもってしまい、その偏見の下で誰かを傷つけたとする。しかし、その「事実」にその人は気づかないだろう。なぜなら、「私には偏見なんてない」のだから。そのとき、「私には偏見なんてありません！」という思想（ないし幻想）は、自らが振るった暴力を隠すカーテンになりうる。

「偏見がなくなる日」を仮定し夢想するのも、危険な発想だと思う。どんな時代、どんな社会であれ、私たちはある文化のなかに生まれ落ち、その環境のなかを生きる。そして、そのなかで知らず知らずのうちに培われた認識や価値観の下で自己や他者を理解するのではないだろうか。どんな社会を生きるにしたって、私たちは何らかの形で「偏見」をもってしまうものではないだろうか。まったく「偏り」のないフラットな認識なんてありえるだろうか？　そして、「偏見がなくなる日」なるものを仮定しても、それは、いまを生きる私たちをがっかりさせ、意気消沈させ、絶望させる原因にしかならないんじゃないだろうか。「いまはまだ偏見がある……」という具合に。

はっきり言おう――偏見はなくならない。しかし、だからといって、「私がその偏見の下で誰かを傷つけたって仕方がないことだ」とはならないはずだ。「偏見はなくならないと思います……」と悲観してみせるポーズをとる学生も、「偏見がなくなる日」を仮定し夢想する学生と同じであり、あるいはその裏返しである。「偏見がなくならないこと」を認めることは、偏見に対して批判的であることを諦める理由にはならない。むしろ、「偏見はなくならない」からこそ、私たちは自分の思考が偏見に陥っていないかを注視し、気をつけねばならないのではないだろうか（そもそも、「偏見はなくならない」と悲観し諦めてみせるあなたはいったい社会のなかでどこに位置しているんだろう。いま、「偏見」によって傷つき、苦しんでいる人はそんなふうに悲観し諦めるポーズをとれるものだろうか）。「偏見はなくならない」という事実はむしろ、自己や他者に対して可能な限り倫理的に生きるよう私たちを駆り立てるものなんじゃないだろうか。「偏見をもてば悪／偏見がなければ善」といったふうに白黒つける発想よりも、「偏見がなくならないこと」「私たちの認識がたとえ意図していなかったとしても偏ってしまうことがあること」を前提にして偏見やそれにもとづく差別、そしてそれを生む社会の構造に自他ともに注意深く批判的であるほうが建設的なんじゃないかな、と私なんかは思うんだけど、あなたはどう思うかな？

ものすごく大雑把な言い方を許してもらえるなら、私は以上の考えをバトラー主義者として、もっているのである。なぜ、このような考えを「バトラー主義的」と評することができるのだろうか？　本章は、その問いに答えるものでもある。

†性別の超越――再び、ウィティッグの「レズビアンは女ではない」

さて、本章のはじめに述べたように、ここでまず確認したいことは、バトラーの『ジェンダー・トラブル』が「ジェンダーをなくす」思想ではないこと、むしろそのような発想を批判する著作だった、ってことだ。その上でここで取り上げたいと思うのが、前章で予告し、そのときは置いておいたウィティッグの「レズビアンは女ではない」という思想へのバトラーの批判である。

ウィティッグの理論に関して前章で話したことを簡単に復習しておくと、彼女は、「女／男」というセックス（性別）を「あらゆる社会の前に」あるような「自然的なカテゴリー」ではなく、それ自体を「政治的なカテゴリー」とみなしたのだった。そして、〝「女／男」と性別を二分すること〟それ自体が「社会を異性愛的なものとして作り出す政治的カテゴリー」である、と理論化したのだった。したがって、ウィティッグにとって、「男」という主体、「女」という主体は同時に「異性愛的主体」である、ということになる。つまり、「女／男」と分けることは、それらの異性愛的カップリング化のために要請される操作だということだ。すでに確認したように、「セックス」を「社会を異性愛的なものとして作り出す政治的カテゴリー」としたウィティッグの理論はバトラーにとってひじょうに重要なものだった。

それでは、そのような「異性愛的カップリング」に当てはまらない「同性愛的主体」はどうなるのか？　それに対するウィティッグの答えが「レズビアンは女ではない」だった。SOGIの考えが普及している現代（まあ、全然まだまだとは思うけどさっ）の私たちには、「レズビアンは女ではない」というウィティッグの主張は全然意味の分からないものだろう。「女性に性的に惹かれる女性」、それがレズビアンなのだから。けど、ウィティッグの言っていることは、「女／男」というカテゴリー自体がそもそも異性愛的カップリングのために創出されたものなら、それに当てはまらない「同性愛者」は（異性愛を前提にした上で成立する）「女／男」ではない、ということだ。じゃあ、このような意味で、「レズビアン」が「女ではない」のなら、ウィティッグにとって、「レズビアン」はどんな主体ってことになるんだろう？

簡単に言えば、ウィティッグにとって、「レズビアン」（そして「ゲイ」）は「第三の性」である。ウィティッグにとって、「女／男」という性別は異性愛制度が生み出すものであり、「女」は「男」との関係によって定義され、「生殖」を至上の目的として課される。このように、「女」が「男」との対立的関係のなかで規定され、そして、そのような関係自体を「異性愛」として捉えるのであれば、この意味で、「レズビアンは女ではない」。なぜなら、「女を愛する女」は「異性愛者」ではないのだから。

したがって、バトラーはウィティッグの理論を次のように整理している。

彼女〔ウィティッグ〕の議論によれば、女は、男との二元的で対立的な関係を安定化し、強化する項目として存在しているにすぎない。彼女によれば、このような関係こそ異性愛なのである。レズビアンは、と彼女は主張する、異性愛を拒絶することで、そのような対立的な関係でもはや定義できるものではない。実際、レズビアンは、女と男という二元的な対立を超越していると言う。すなわち、レズビアンは女でもなければ男でもないのだ。もっと言えば、レズビアンは性別《セックス》をもたない。なぜならレズビアンは、セックスのカテゴリーを超えているからである。(Butler, 2010a=2006, p.153=202)

「性別を超越した存在」としての「レズビアン」――そのような主体、そして、その身体はいかなる「性別化」からも自由であるとされる。どんな「性別」の意味づけからも自由な存在――果たして、そんな存在は可能なのだろうか。どうやら、ウィティッグはそのような、いわば、どんな「性別」の意味づけからも解放された、純粋な「ひと」のような、ユートピア的な存在が可能だと考えていたようだ。彼女はセックスを粉砕し、それを超越することを提唱したのである。

†権力とその「向こう側」

言い換えれば、ウィティッグの理論はいわば「ジェンダーをなくす」ことを目指した理論だったと言ってもいい。ジェンダーを粉々に粉砕し、ジェンダーのない社会を目指すこと――ものすごく大雑把に言えば、それがウィティッグが考えていたことだ、と。あるいは、さらに素朴に、そして普遍的に言い換えれば、それは、権力を打倒し、権力の「向こう側」の世界を目指す考え方だと言うこともできるだろう。

こういった「権力の「向こう側」」を目指す解放主義的な思考法はそれ自体、特段、ウィティッグに固有なものというわけではないし、フェミニストだけでなく社会変革を唱える理論家や活動家たちに珍しくない考え方だろう。

実際、フェミニズムにおける「家父長制」に関する議論においても同様の思考法がみられた。「家父長制」はすでに第一章でも述べたように、フェミニズムが発明した重要な概念だ。それは、性差別を生む制度や社会構造を名指すものであり、それによって「女性」

をひとつの「階級」のように「主体」とみなすことを可能にしたんだった。

そして当然と言うべきか、このような「家父長制」という性差別を説明するための概念が提示されると、「家父長制」が〝いつ〟始まり、そして、〝いつ〟終わるのか、ということがどうしても気になってくる。家父長制の「前」にどんな社会があったのか？　それは母系社会で、そこは「性差別のない平和な社会」だったのか？　あるいは、家父長制という時代の「後」のユートピア社会とはどのようなものだろうか？　そこでは、女性たちが権力を握り、性差別が払拭された優しい社会が到来するのだろうか？　実際、もし、家父長制の「前」に母系社会のような女性差別のない社会が存在したとすれば、それは現在の家父長制が「当たり前」ではないことを示し、そして、その「過去」は家父長制のない「未来」の社会の見取り図を与えてくれることになる。バトラーも述べているように、

フェミニズムの理論が折に触れ依拠してきたのは、起源という考え方である。すなわち、女の抑圧の歴史が偶発的でしかないことを立証するために想像上の地平を与えてくれる、「家父長制」の前の時代である。これまでなされてきた多くの議論は、家父長制以前の文化が存在したのか、それらは構造的に女家長的、母系的なものなのか、また家父長制はその始まりをもつ、ということは、いずれその終わりも訪れると言え

> るだろうか、という点についてであった。このような探求の背後には、家父長制は必然だという反フェミニズムの議論こそ、歴史的で偶発的でしかない現象を物象化し、自然化してきたものだということを明らかにしたいという、フェミニズムの側からの熾烈な批判欲求があったことは間違いない。(Butler, 2010a=2006, pp.47–48=77 強調原文)

家父長制は必然的なものでも自然なものでもない――そう例証することは重要な試みだった。なぜなら、家父長制が歴史的な現象であるなら、それを解体することもまた可能であるという主張を帰結することができるからだ。したがって、「家父長制の前の時代」、その存在はまさにそのような「想像上の地平を与えてくれる」ことになる――ほら、家父長制が始まる前にはこんな時代もあったんだよ、だから、いまの家父長制のあり方が唯一の社会のあり方ではないんだよ、だから、家父長制もいずれ終わりを迎えうるんだ、ってね。だから、家父長制の「前」と「後」をめぐる歴史物語がフェミニズムにおいて重要な指針になる。

しかし、「家父長制の前の時代」という「想像上の過去」に訴えることは皮肉な理論的帰結をもたらすことになる。家父長制の「前」と「後」をめぐる歴史物語が暴こうとしたのは「家父長制が歴史的に必然的でも絶対的でも自然なものでもない」ということだったが、家父長制の「前」とその「後」という時代区分を作ってしまうと、他ならぬ〈いま・この時代〉は「家父長制にどっぷりと浸かった時代」として描かれてしまうことになる。家父長制を巡る歴史物語を精巧に作り込めば込むほど、〈いま・ここ〉が「家父長制の時代」だということをむしろ立証してしまう結果になってしまうんだ――ああ、いまはまだ……。

それは皮肉な帰結だ。だって、フェミニズムの「家父長制」にまつわる議論は、それが家父長を歴史的に必然的でも自然なものでもないことを暴こうとしてなされた議論であるにもかかわらず、家父長の「前」と「後」を仮定してしまうことで、「〈いま・ここ〉にある家父長制の存在」はむしろ歴史的に必然化されてしまうからだ。解放のための思考が現在の抑圧を必然化し、結果的に知らず知らずのうちに正当化さえしてしまうという皮肉が、ここにある。

†「異性愛の全面否定」の帰結

したがって、現行の権力体制をなくして、その「向こう側」や「外部」を探求しようとする解放主義的でユートピア的な思考法は、かえって、当の〝敵〟をより強固に仕立て上げて捉えてしまう危険がある。しかし、このような解放主義的なヴィジョンがもつ問題はそれだけではない。その点に関して、改めて、ウィティッグの理論、そしてそれに対するバトラーの議論をみていくことにしよう。

「レズビアンは女ではない」と語ったウィティッグにとって、レズビアニズムは「異性愛」を全面的に否定するものである。レズビアンは「異性愛」という制度を「超越」した存在であり、「異性愛制度」のまったき「外部」に位置することになる。そして、ウィティッグにとって、「性別」は「異性愛制度」によって可能になるものだから、そのような「異性愛」の「外部」にいる「レズビアン」は「性別」を「超越」した存在であるというのだった。

このようなウィティッグの論に対して、バトラーは次のように批判している。

ウィティッグははっきりと、レズビアニズムは異性愛の全面否定だとみなしているが、私がこれから主張するのは、そのような否定でさえもレズビアニズムが超越しているつもりのまさにその異性愛という関係に従事し、究極的には、それに根本的に依存することになってしまうということである。(Butler, 2010a=2006, p.169=220)

ウィティッグにとって、レズビアニズムは「異性愛の全面否定」であるが、しかし、ここでバトラーが指摘していることは、そのような「否定」という形で維持される存在は、逆説的なことに、それが否定するものによって成り立つということである。つまり、「〜でない」という形で成立する存在は、その当の「〜」がなければ成り立たないというわけだ。この意味で、「レズビアン」はそれが否定する「異性愛」に「根本的に依存することになってしまう」。

つまり、このような「全面否定」の関係は、自らの存在（「レズビアン」）を定義するために、当の〝敵〟――すなわち、「異性愛制度」――を温存してしまう結果になる。なぜなら、その当の「異性愛」の「否定」として考えられている「レズビアン」という存在は、「異性愛」というものが存在しなければ自らを定義できないということになってしまうからだ。バトラーの言葉を借りれば、「つまり、レズビアニズムは、異性愛を必要とするということになる」（p.174=226）。

それどころか、「同性愛VS異性愛」というような絶対的な対立関係においては、同性愛は異性愛のまったき「外部」として考えられる。そうなると、私たちに残される選択肢は、バトラーが言うように、「(a)根本的な順応か、(b)根本的な革命か」（p.165=216）、白か黒か、という極めて両極端な二元論的なものの見方になってしまうわけだ。

これこそ、もっとも大きな皮肉だ。というのは、同性愛を異性愛の「外部」として想定することは、それがたとえ解放的なヴィジョンの下でなされたとしても、その図式自体は既存の異性愛制度と同じ図式だからである。つまり、現在の異性愛中心主義社会のなかで、同性愛は異性愛の「外部」として周縁化ないし排除されているわけだけど、このような図式そのものは（たとえ解放的な目的の下であっても）反復・再生産されているからだ。この意味で、「その結果、〔ウィティッグの〕レズビアンの戦略は、強制的異性愛を抑圧形態のまま強化することになってしまうのだ」（p.174=226）とバトラーは批判することになる。

このようにバトラーがウィティッグを批判していることからもわかる通り、バトラーは権力やジェンダーを「なくす」という解放主義的な発想を批判したんだ。むしろ、そのような思考法の落とし穴を、バトラーは明らかにしたのである。

ところでさあ、思うんだけど、家父長制にしろ、ジェンダー規範にしろ、異性愛規範にしろ、それらはそこまで強大で無敵な一枚岩の存在だろうか？　それらはいつでも、なんのエラーを起こすこともなく、私たちそれぞれに等しく正確に機能するような完全無欠なシステムだろうか？　ウィティッグのような解放主義的なヴィジョンはあまりにも〝敵〟を強大なものにしてしまってはいないだろうか？

†ウィティッグの小説の「威力」

いずれにせよ、ここまでの議論から、バトラーの『ジェンダー・トラブル』が「ジェンダーをなくす」ことを目指したものではないことがわかってもらえたかと思う（ちょっと抽象度が高くて伝わりづらかったかもしれないけど……）。むしろ、それどころか、「ジェンダーをなくす」ことをはじめ、「権力をなくして、権力のない社会を目指す」という発想の問題点を批判するものだった。で、そのようなバトラーの批判を説明するために、ここではウィティッグの理論を中心に取り上げたのだった（『ジェンダー・トラブル』では、このような思考法に陥った理論家としてウィティッグだけが取り上げられたわけではもちろんない。そういう意味では、ウィティッグに「ごめんね」という気持ちがある）。

このように、バトラーはウィティッグの「レズビアンは女ではない」という理論に対して批判を加えたわけだけど、とても興味深いことに、ウィティッグがその「理論」を通して示したのとは別の方向性、別の政治的可能性を、バトラーは他ならぬウィティッグの「小説」に見出している。実際、バトラーはこう述べている。「だが彼女の文学作品は、理論的な論文で彼女が明白に打ち出しているのとは異なった別の政治的戦略を示しているようだ」（Butler, 2010a=2006, p.169=221）。バトラーとウィティッグの関係がとても両義的で複雑なものだということがわかってもらえるかと思う（だから、バトラーはウィティッグを単に一方的に批判したというわけではないんだよ）。

それでは、バトラーはウィティッグの小説にどんな別の「戦略」を見出したのだろうか。具体的な例としては、ウィティッグの小説『女ゲリラたち』に関するバトラーの記述がわかりやすい。バトラーも言うように、「『女ゲリラたち』のなかで暴力的な闘争が文字通りのものとなっている」（p.171=222-223）のだが、まさに文字通り、女ゲリラたちは野蛮なほどに暴力でもって戦う。「暴力」はバトラーが言うように、「フェミニズムの目標とは表面上、正反対なものに見える概念」（p.171=223）であり、しばしば「男性性」と結びつけられるものだ。だから、『女ゲリラたち』は「男に同一化した（male-identified）」テクストとして一部のフェミニストから非難されるかもしれない。

しかし、バトラーによれば、『女ゲリラたち』がそのテクストにおいて行っているのは、「単なる男女の逆転」でも「男性的規範の内面化」でもないという（p.172=223）。というのは、そもそもウィティッグの小説上の「暴力」が向けられているのは、二元的なセックス、つまり「二つの性別」そのものに対してだからだ（p.172=224）。その「暴力」は「性別」そのものが「生命のない構築物」（p.172=224）であることを暴くために振るわれるものなのである。

「でも、それなら」と、こう疑問に思う読者もいるかもしれない、「ウィティッグの「小説」は彼女の「理論」と同じく「ジェンダーをなくす」思想なのでは?」、と。しかし、バトラーの見方は違うようだ。バトラーによれば、伝統的に「男性性」と結びつけられがちな「暴力」を「女ゲリラたち」が行うことにおいて、ウィティッグの「小説」では彼女の「理論」とは異なることが行われているという。むしろ、以下のようなことが生じているというんだ。

差異化という排除的なプロセスを通じて女のアイデンティティを強化する戦略とは逆に、ウィティッグが提示している戦略は、もともと男の領域のものと思われていた「価値」を奪い取り、攪乱的に再配備することである。(pp.171-172=223)

あるいは、次の言葉も引用しておこう。

『レズビアンの身体』や『女ゲリラたち』では、政治的変革を表現する語りの戦略は、再配備と価値転換をくりかえし使用して、もともとは抑圧的だった用語を使いながら、同時に、それらの用語から正統化の機能を剝ぎとっていくのだ。(pp.169-170=221)

ウィティッグの小説『女ゲリラたち』における「語り」はバトラーによれば、「もともと男の領域のものと思われていた「価値」を奪い取り、攪乱的に再配備すること」を結果的に行っている。このような「再配備と価値転換」を繰り返すことで、「もともと男の領域のものと思われていた」ものの「自然性／正統性」を問いに付す効果を発揮しているというんだ。

したがって、ウィティッグの「小説」は彼女の「理論」とは異なる政治的戦略を行っている。その小説が記述しているのはバトラーの言葉を借りれば、「両性具有という比喩や、「第三の性」という仮説ではなく、また二元体の超越でもな」く、「二元論が前提とされながらも、同時に、もはやその二元論が意味をなさなくなるまで増殖するような内なる攪乱である」のだ、と（p.173=225強調引用者）。単純化して言ってしまえば、いわば、ウィティッグの「小説」は「ジェンダーを増やすこと」を行っているということだ。「もともと男の領域のものと思われていた」ものを「女ゲリラたち」が遂行することで、そこでは、「二つの性別」のなかで、しかし、その硬直した二元論からは逸脱するような新たなジェンダーが出現しているというわけだ。

そして、これこそ、バトラーによれば、ウィティッグの小説の「威力」である。

女であることは、そのとき、ボーヴォワールと同様にウィティッグにとっても、女になることであるが、このプロセスはどのような意味でも固定化されていないため、「男」とか「女」という概念によって記述することができない存在になることは可能である。これは両性具有という比喩や、「第三の性」という仮説ではなく、また二元体の超越でもない。そうではなく、それは、二元論が前提とされながらも、同時に、もはやその二元論が意味をなさなくなるまで増殖するような内なる攪乱である。ウィティッグの小説の威力、その言語上の挑戦が提示しているのは、アイデンティティのカテゴリーを超える経験であり、古いカテゴリーの廃墟から新しいカテゴリーを作り出すエロティックな闘争であり、文化の領域の内部で身体となる新たな方法であり、まったく新たな仕方で記述するための言語なのである。(p.173=224-225 強調原文)

したがって、ウィティッグの「小説」は(彼女の「理論」とは違って)「権力のまったき超越という不可能なファンタジー」(p.169=220)を示すものではない。そうではなくて、〈いま・ここ〉にある「性別」という二元論を駆使し、それを既存の規範からは外れるような仕方で組み合わせ、その規範をむしろ混乱させるような仕方で、新たなジェンダー、新たなアイデンティティを生み出し、増やす、そのような試みを行っているのだ。

ウィティッグの「小説」(そしてあとでみるように「理論」)を読み直しながらバトラーがここで提案しているのは、いますでにある手持ちの道具を組み合わせてジェンダーを増やすことであり、そして、「二つのジェンダー」がその特権的な意味を失ってしまうくらいジェンダーを増やそう、という戦略なんだ。

†再び、ブッチとフェムを少々

さて、ここで、このようなウィティッグの「小説」に関するバトラーの解釈が第二章で考察した「ブッチ/フェム」の議論に重なってくることがわかるんじゃないかな。「女ゲリラたち」は「もともと男の領域と思われていたもの」を「奪取」し「再配備」するものだった。それはちょうど、たとえば「男のような見た目」をするブッチの姿と重なる。

ウィティッグ自身はブッチ/フェムについて論じることはなかった。また、バトラーが言うように、ウィティッグの「理論」の枠組みではブッチ/フェムをはじめとした「ジェンダー・パロディ」の居場所はない。少し長くなるけど、バトラーは次のように述べている。

強制的異性愛の規範がウィティッグが記述しているような力や暴力をもって働いていることは明白だが、私自身の立場は、このような働き方がその規範が働く唯一のやり方ではないというものだ。ウィティッグにとって、規範的な異性愛に政治的に抵抗するための戦略はかなり直接的なものである。生殖をセクシュアリティの目的や最終目標とする家族なるものという制限内部での異性愛的な関係に関与することのない数々の具体的な人間だけが結果的に、セックスのカテゴリーに積極的に異議を唱えることなのであり、少なくとも、そのようなカテゴリーの規範的な前提や目的に追従しないことになるのである、と。レズビアンであることやゲイであることはウィティッグにとって、もはや自分のセックスを知ることでも、セックスをアイデンティティの不可能なカテゴリーとするカテゴリーの混乱や増殖に関わることでもない。これは解放的なものにみえるが、ウィティッグの提案は、セックスのカテゴリーを奪取し再配備することによって同性愛特有の性的アイデンティティを増殖させるゲイ／レズビアンの文化のなかの言説を無視しているのである。クイーン、ブッチ、フェム、ガールといった言葉や、ダイク、クィア、ファグといった語のパロディ的な再占有さえも、それらは、セックスのカテゴリー、そして同性愛のアイデンティティに対するもともと侮蔑的なカテゴリーだったものを配備し直し、不安定化させるのだ。(Butler,

2010a=2006, p.166=217 強調原文）

すでにみたように、ウィティッグの「理論」は「性別の超越」を求めるものであり、「異性愛VS同性愛」という強い二項対立を前提とするものだった。そこでは、強制異性愛は「生殖」を至上の目的とした異性愛と性別二元論を強制するものとして働く。しかし、バトラーの見立てでは、これが強制的異性愛の「唯一の」働き方ではない。あるいは別の言い方をすれば、強制異性愛はいつでも完璧にインストールされるような無欠のシステムではない。そこでバトラーが挙げているのがブッチ／フェムをはじめとした「ジェンダー・パロディ」の例であり、「ゲイ／レズビアンの文化のなかの言説」である。そして、前節でみたウィティッグの「小説」もこれに含めることができる。

これらの例においては、「異性愛」や「セックス」は強制的異性愛の規範が想定しているものとは異なった仕方で「再配備」されている。「権力の「向こう側」」を想定するまでもなく、「権力の「内部」」にその権力を「混乱」させるような、様々な「セックスのカテゴリーを奪取し再配備する」ような「性的アイデンティティ」はすでに繁茂し増殖している。そして、それらの「ジェンダー・パロディ」はセックスのその「自然さ」を「不安定化」させるのだ。

そして、このことは実はウィティッグの「理論」からも帰結することではないか、とバトラーは問うてもいるんだ。

ウィティッグはブッチ／フェムのアイデンティティの意味については論じなかったが、架空のセックスという彼女の概念が示しているのは、性別化された身体とジェンダー・アイデンティティとセクシュアリティとのあいだに存在すると想定されるジェンダーの首尾一貫性という自然でオリジナルな概念のまやかしである。セックスを虚構のカテゴリーとみなすウィティッグの記述に暗に含まれているのは、「性別」の様々な構成要素がバラバラであってもよいという考えである。(p.168=219)

もしウィティッグが述べていたように、セックスが「自然的カテゴリー」ではなく「政治的カテゴリー」であるなら、つまり、セックスが「架空のもの」すなわち「構築されたもの」であるなら、「ジェンダーの首尾一貫性」から外れる様々なジェンダーのあり方を肯定するものとしても読みうる——バトラーはここでそのような解釈の可能性を示唆しているんだ。

そして、そのような「ジェンダーの首尾一貫性」から外れるジェンダーは実際に「セックスのカテゴリーを奪取し再配備することによって同性愛特有の性的アイデンティティを増殖させるゲイ／レズビアンの文化のなかの言説」のなかにある。そのような「ゲイ／レズビアンの文化のなかの言説」には、「クイーン、ブッチ、フェム、ガールといった言葉や、ダイク、クィア、ファグといった語のパロディ的な再占有」などがある。それらはまさに、「二元論が前提とされながらも、同時に、もはやその二元論が意味をなさなくなるまで増殖するような内なる攪乱」だ。「二つのジェンダー」のその特権的な意味や自然さが失われるくらいジェンダーを増やすこと——バトラーが賭けるのはそのような戦略の可能性なんだ。

†ジェンダーはつねに再意味化に開かれている

したがって、バトラーの『ジェンダー・トラブル』は「ジェンダーをなくす」ことを目指したわけではない。そうではなくて、「ジェンダーを増やす」ことを目指すものだったんだ。ここで言う「ジェンダーをなくす」という発想は、「いまある権力をなくして、それを超えてしまおう」という発想なのだけれど、バトラーはそのような戦略をとらない。それは、「権力」と「その「向こう側」」という対立軸を設定してしまうと、かえって、権力の抑圧形態を強大なものとして固定する発想へとつながってしまうからだった。それに対して、「ジェンダーを増やす」ということは、いまある権力の体制のなかでいろいろな組み合わせのジェンダーを増やして、硬直した「二つのジェンダー」という規範の「自然性」や「自明性」を問うという発想だ。

それは言い換えれば、「いまあるジェンダー規範や異性愛規範をはじめとした権力」は私たちの脳内に直接インストールされるような精巧で精密なものではないということでもあった。あるいは、もっと言い換えれば、権力や規範といったものはその「失敗」や「エラー」を必ずや生み出す、ということでもある。次のバトラーの言葉がわかりやすいと思う。

> これこれのジェンダーであれという命令は必然的な失敗を生み出すのであり、様々な一貫しない組み合わせを生み出す。その様々な組み合わせは、その命令によって生み出されながら、その多種多様性においてその当の命令を超え、歯向かうものである。さらに言えば、これこれのジェンダーであれというまさにその命令は複数の言説の道筋を通ってなされる。すなわち、良き母であれ、異性愛的に欲望可能な対象であれ、ふさわしい労働者であれ、といったように。要するに、様々な異なった要求に一度に応えることで多方面の保証人を意味せよということである。そのような様々な言説の

命令の共存と集中が生み出すのは、複雑な再構成や再配備の可能性である。(Butler, 2010a=2006, p.199=255 強調原文)

かなり単純な例を出せば、「ピンク色」が「女の子」を表す記号だからといって「全身ピンク」にすれば、それはある種のジェンダー規範の命令には従ってはいるが、結果的にはむしろ、その「やりすぎ」によって、その命令の「失敗」となるだろう(つまり、「浮いて」しまうだろう)。あるいは、「全身ピンク」の姿はもしかしたら、ジェンダー規範に対する一種のアイロニーとして、その命令に「歯向かう」ものでさえありうるかもしれない——まるでドラァグのように。

「ピンク」というかなり単純な一例でさえそうなのであるから、様々な規範的命令を受ける私たちの複雑な現実においてはなおさら「失敗」は不可避のことだ。現在、「女性活躍推進」(とやら)の下、女性の「活躍」が求められているが、たとえば、ナチュラル・メイクで女性らしく振る舞い、夫のためにワンオペで家事をし、「良き母」として育児に精を出しながら、一生懸命職場で働いていたら、年収が夫のそれを超え、なにやら夫婦関係のなかでトラブルが……。この架空の女性は今の社会で強いられる「命令/期待」に精一杯懸命に応えながら、それにもかかわらず、結果的に、それらの命令の実現に「失敗」し、かえって、現代社会の矛盾を鮮明に映し出すアイロニカルな存在になるかもしれない――まるでドラァグのように。

これらのアイロニカルな存在は「これこれのジェンダーであれ」という社会の命令が「生み出した」ものであり、その命令の「内部」にある。しかし、その「内部」から、その命令に「歯向かう」ような存在が（意図しようとしまいと）生み出されうるのであり、社会的規範は決して万能なものではありえない。むしろ、権力や規範はそのような存在を必ず生み出してしまうんだ。

ところで、当然のことながら、「これこれのジェンダーであれ」をはじめとした様々な社会の「命令」は、資格試験のように「一回合格すればそれで済む」ようなものではない。むしろ、それは、終わりのない絶えざる抜き打ちチェックのようなものとしてある。バトラーが「ジェンダーはパフォーマティヴである」と述べたのは、その人のジェンダーを決定づける「生来の本質」などなく、日々くり返される行為によってジェンダーは構築されるということだった。そして、そうである以上、ジェンダーは「一回限りの行為」ではありえないし、どこかの地点で「完成」されるようなものでもありえない。

そして、「これこれのジェンダーであれ」という命令は必然的に失敗を生み出すものとしてあるのだった。それは言い換えれば、ジェンダーのその「意味」は一義的に決まってはおらず、むしろ、その意味は「増殖」してしまう。この意味で、ジェンダーはつねに「再意味化」――つまり、意味づけ直され、新たな意味を吹き込まれること――に開かれたプロセスとしてあることになる。

したがって、バトラーはこのように述べている。

> 人は女に生まれない、女になるというボーヴォワールの主張に何か正しいものがあるとすれば、それにつづくのは、女というものそれ自体がプロセスのなかにあるものであり、なったり、構築するものであって、正しく言えば、始まったとか終わったと言うことはできないものであるということである。現在進行中の言説実践として、それは介入や再意味化に開かれているのだ。たとえ、ジェンダーがもっとも物象化された形態に凝り固まっているようにみえたときでさえ、「凝り固まっている」ということ自体が執拗で狡猾な実践なのであり、それは様々な社会的手段によって維持され、規制されているのである。(p.45=72 強調原文)

たとえ、ジェンダーが「凝り固まっているようにみえた」としても、それは日々繰り返される行為によってそうみえるだけで、現実には、「凝り固まっている」ようにみえるくらい、「様々な社会的手段によって維持され、規制されている」「執拗で狡猾な実践」がくり返されている「プロセス」であって、決して「完成」したりなんかしない。ジェンダーは「始まり」も「終わり」もない「プロセス」であり、そのくり返しのなかで必然的に「失敗」や「エラー」を生み出すのであり、このことが示しているのはジェンダーは「再意味化」につねに開かれているということなんだ。そして、その「再意味化」は、たとえばドラァグやブッチ／フェム、あるいはクィアのように、既存のジェンダー規範を攪乱し、その「自然性／自明性」を批判的に問いに付すようなものでありうるのだ。

†ジェンダーを増やそう、ってゆうか

バトラーの『ジェンダー・トラブル』での主張はだから、この章の冒頭で引用したニュートンの言葉と重なることがわかってもらえるかと思う。ニュートンはこう述べていたのだった。

> キャンプもブッチ・フェムもジェンダーを生物学からたしかに切り離す。しかし、その目的と効果はジェンダーをなくすことではない（それはとにかく望みの薄いプロジェクトだろう）。むしろ、ジェンダーの意味を増やすこと、その意味に磨きをかけるこ

とこそがその目的であり、効果だ。（Newton, 2000, p.87）

ニュートンはここで、「ジェンダーをなくすこと」は「とにかく望みの薄いプロジェクト」であり、「むしろ、ジェンダーの意味を増やすこと、その意味に磨きをかけること」を肯定的に語っている。そして、バトラーもまた、私たちがここまでみてきたように、同様の戦略を提示していたのだった。だから、本章のタイトルでも示している通り、バトラーの『ジェンダー・トラブル』は「「ジェンダーをなくすんじゃなくて増やそう」って話」なのである。

というかさっ、もっと言えば、「ジェンダーを増やす」ってゆうか、そもそも、たくさんのジェンダーが〈いま・ここ〉において具体的な人たちによってすでに現に生きられているのであって、その意味で、「増やす」もなにも、もうすでに「たくさんのジェンダー」がある。

実際、現に、一筋縄ではいかない複雑なジェンダーを生きている人たちはたくさんいる。セックス、ジェンダー・アイデンティティ、ジェンダー表現、セクシュアル・オリエンテーション、ロマンティック・オリエンテーション……、それらが（世のジェンダー規範に照らして）「連続」していて「一貫」している人たちのジェンダーだけが存在するわけではない。セクシュアル・マイノリティはもちろんだし、いわゆるセクシュアル・マイノリティじゃなくたって、世のジェンダー規範から大なり小なり外れている人はいっぱいいるはずだ。

それなのに、「ジェンダーの首尾一貫性」から外れた人たちは「逸脱」のスティグマを押され、周縁に追いやられ、ひどい場合には「いないことにされる」。誰が「真っ当な人間」なのかを決めるジェンダー規範が存在し、その規範はあまりにもたくさんの人たちを「不自然な人たち」として排除する。

しかし、むしろ、本当の意味で「不自然」であるのは、「男らしいシスジェンダーの異性愛男性」と「女らしいシスジェンダーの異性愛女性」という硬直した「二つのジェンダー」しか認めていないジェンダー規範のほうじゃないだろうか。現に実際に「たくさんのジェンダー」が生きられていて、そして、今後も様々なジェンダーのあり方が生まれてくるのであれば、いつまでもその「二つのジェンダー」だけを正統なものとみなす考え方のほうがよっぽど「不自然」ではないだろうか。私たちの〈ジェンダー・トラブル〉は現在の社会におけるジェンダー規範のその「不自然さ」を暴き出すのであり、バトラーの『ジェンダー・トラブル』はまさにその「不自然さ」と闘うためのテクストなんだ。

以下に引く一節は、『ジェンダー・トラブル』の最後にある文章である。

ここでの課題とは、あらゆる新たな可能性を可能性として言祝ぐことではなく、すでに存在している可能性を記述し直すことである。その可能性は、文化的に理解不能であるとか不可能だとみなされているが、まさにそのように規定されているその当の文化の領域の内部において存在している。〔……〕セックスとジェンダーの文化的な組み合わせは増殖していくだろう。あるいはむしろ、その現在における増殖は、セックスのまさにその二元論を混乱させ、その基盤的な不自然さを暴き出すことで、理解可能な文化的生を確立する言説の内部において分節化可能になるようになるのかもしれない。この「不自然な」ものと戦うためのこれ以外のどんな局所的な戦略がジェンダーそのものの非自然化への道を拓くというのだろうか。(Butler, 2010a=2006, p.203=260 強調原文)

このように、バトラーの『ジェンダー・トラブル』は「ジェンダーを増やすこと」を肯定するものだけれど、それは別の言い方をすれば、すでに存在している「たくさんのジェンダー」が「不自然」や「理解不能」とみなされ、社会的に承認されていない現状の「理解可能性」の規範的な枠組みを批判的に解体しつつ、それらのジェンダーが社会的に認められるようにその「理解可能性」を拡張する試みだったとも言える。実際、一九九九年に寄せられた『ジェンダー・トラブル』の序文で、バトラーはこう述べている。「もし、『ジェンダー・トラブル』に規範的な課題があったとすれば、それは、誤っているとか、非現実的であるとか、理解不能だとみなされてきた様々な身体にまで正統性を拡張することを主張することである」(Butler, 2010a, p.xxv)、と。

同じ序文ではこうも述べられている。それを、本章の最後の言葉として引いておくことにしよう。

「可能性を開くこと」がいったい何の役に立つというのかと疑問に思う人もいるかもしれないが、社会的世界のなかで「不可能な」もの、意味不明なもの、実現不可能なもの、非現実的なもの、おかしなものとみなされながら生きるということがどんなことであるかを理解している人のなかにはそのような疑問を投げかける人はいないにちがいない。(Butler, 2010a, p.viii)

第５章

「私たち」って誰!?

Bellana Bordeのための行進に参加し、有色人種に対する警察の暴力に抗議するCombahee River Collectiveのメンバー。1980年、ボストンにて。
(Photo: Susan Fleischmann / Kyodo News Images)

†その「私たち」に私は含まれてるの？

本を読んでいると、「私たち」とか「われわれ」って表現に出くわすよね。その際にこんなふうに思った人もいるんじゃないかな？ その「私たち／われわれ」のなかに「私」、この私は含まれているのかな、って。もっとわかりやすい明白な表現は「ぼくたち」という表現だろう。「ぼくたち？ じゃあ、「女」である私はそこに含まれるの？」ってね。別に本じゃなくてもいい。「私たち」とか「われわれ」、「ぼくたち」、「オレたち」、「みんな」……、そういった集合的な代名詞はそれが何であれ、「えっ、そこに私は含まれるの？ 私の存在はあなたの言う「私たち」のなかに想定されているの？？」という問いを必ず喚起する。言い換えれば、「私たち」という集合的な名を用いることは、一方で「私は一人ではない」というエンパワーする力と、他方で「そこに私は含まれていない」という排他的な力と、その両方を併せもつものだ。それらの力はコインの裏表のようにつねに分かち難く結びついている。

ひとりで本を読んでいるときでさえ、私たちはときに、そこで書かれている「私たち」に「私」が含まれていない可能性に不安を感じたり、疎外感を抱いたりする（まさに、この、いま私が書いた文においてさえ、同様のことが生じるにちがいない。あなたはどう感じただろう？）。じゃあ、もしも、あるフェミニストが「私たち」と言ったなら？　その人が「私たち女性は……」と言ったなら？　「私たち」あるいは「女たち」――そう言えば、〝すべての女性たち〟を含むことになるんだろうか。果たして、そんな単純な話だろうか。まさに、フェミニズムの歴史が教えているのは、そのことがそう単純なことではないということだし、そして、それはバトラー自身が『ジェンダー・トラブル』で示したことでもある

フェミニズムの「私たち／女たち」というアイデンティティとその表象――その困難や隘路に正面から向き合ったのがまさに『ジェンダー・トラブル』だったと言える。この意味で、『ジェンダー・トラブル』はなによりも「フェミニズムの書」である。事実、バトラーはあるインタビューで次のように述べている。

> クィア研究や、ゲイ&レズビアン研究の理論家である前に、フェミニズムの理論家だと言いたいですね。フェミニズムへの関わりが、たぶん私の一番の関心事なのです。『ジェンダー・トラブル』は、フェミニズムの内部に存在する強制的異性愛を批判したもので、読者としてはフェミニストを想定していたのです。(Butler, 1994, p.32)

そのフェミニズムへの介入は批判的なものだったが、同時に重要なのは、『ジェンダー・トラブル』がフェミニズムとして、フェミニズムの内部で書かれたものだということだ。同じインタビューで、バトラーはこうも語っている。

> けれども、ここでさえ、つまり、フェミニズムのなかの権力概念に対立するときでさえ、やはり私はフェミニズムの「中に」おり、フェミニズムの「側に」立っているのです。重要なのは、このパラドックスを働かせることです。(p.39)

『ジェンダー・トラブル』はこのような緊張関係のなかで書かれたのであり、あるいは別の言い方をすれば、『ジェンダー・トラブル』はそのような緊張であり、その緊張をむしろ肯定的に語り直すものだったんだ。

この章で私が考えたいのは、バトラーが『ジェンダー・トラブル』でフェミニズムの政治に対してどのように介入したのかということだ。バトラーは当時のフェミニズムをどのように問題視し、そして、どのような形のフェミニズムを模索し、提示したのだろうか。

†「女たち」の隘路

フェミニズムはラテン語の「女」を意味する「フェミナ」を語源とした言葉であり、したがって、「フェミニズム」と「女」という主体は切っても切り離せるわけがない。この「男社会」、その性差別を批判し、それと闘うために、「女」という「性的差異」を押し出す必要があったし、ある。しかし、当たり前だが、ひとは「女」（ないし「男」）という属性だけを生きているわけではないし、一口に「女」と言っても、その一言では割り切れない実存を生きているのが人間というものだろう。乱暴に「女」とまとめてしまうと、様々な「女たち」内部の差異が捨象されてしまう。だったら、「女たち」と複数形で言えばいいんだろうか。それで問題は済んでしまうのだろうか。

実際のところ、バトラーも言うように、「女たち」という言葉は、それがたとえ複数形であったとしても、「厄介な用語」である。以下の引用は少し長くなるけど、後でも言及し考察したいので引いておくことにしたい。

> 女たちという語は、それが記述し代表しているつもりの人々の合意を得ることができる安定したシニフィアンというよりもむしろ、たとえそれが複数形であったとしても、厄介な用語であり、争いの場、不安の原因なのである。デニス・ライリーの著作のタイトル『それが私の名前なの？（*‘Am I That Name?’*）』が示しているように、そ

の問いは、その名前が多様な意味をもつ可能性があるからこそ生み出される問いである。もしもひとが女「である」としても、それがそのひとのすべてではないことは確かである。その語が満たされるのに失敗するのは、ジェンダー化される前の「ひと」がそのジェンダーの装具一式を超えたものであるからではない。そうではなくて、異なった歴史的文脈を貫いてジェンダーがつねに一貫して矛盾なく構築されているわけではないからであり、そしてまた、言説的に構築されたアイデンティティにおける人種や階級、民族、セクシュアリティ、地域の様態とジェンダーが交差している（intersect）からである。その結果、ジェンダーがつねにそこから生み出され維持される政治的、文化的な交差点（intersections）から「ジェンダー」だけを分離することは不可能なのである。（Butler, 2010a=2006, pp.4-5=22 強調原文）

実際のところ、私たちが生きているところのジェンダーは「言説的に構築されたアイデンティティにおける人種や階級、民族、セクシュアリティ、地域の様態」などとの「交差点」のなかにあり、それらと複雑に絡まり合っている。その「現実」から「「ジェンダー」だけを分離すること」はそれこそ現実的ではないよね。もしも、それらの「交差点」からジェンダーの問題だけを切り離すなら、多くの女性たちがその「女たち」という名から零れ落ちることになってしまう。その「女たち」のなかで、スポットライトを当てられる「女たち」と、そのライトから排除され、声を聴いてもらえない「女たち」とが生まれてしまうことになってしまうわけだ。

　このことは、バトラー自身の『ジェンダー・トラブル』の執筆理由とも深く関わっている。バトラーが同書でとくに問題にしていたのは、当時のフェミニズムにおける「女」というアイデンティティが想定していたのが往々にして「異性愛者の女」であるということだった。先に紹介したインタビューのなかでもそう述べられていたし、一九九九年に新たに付された『ジェンダー・トラブル』の序文のなかでも次のように述べている。「一九八九年当時の最大の関心事は、フェミニズム文学批評に異性愛的な思い込みが広く流布していることだった。私は、ジェンダーの境界と妥当性を仮定して、ジェンダーの意味を男らしさと女らしさという一般に認められた概念に制限するような見方に、反駁しようとした」(Butler, 2010a, p.viii)。このように、バトラーは当時のフェミニズムにおける「異性愛中心主義」を問題にしたんだ。そこでの「女たち」は「異性愛女性」を想定して用いられていたわけである。

　フェミニズムはもちろん、性差別に反対し、それをなくそうとする運動である（そして、先に確認したように、性差別は他の様々な差別と交差しながら働くものだ）。しかし、社会に反対しているフェミニズムという運動だって、社会の規範と無縁な存在ではありえない。むしろ、その運動内部で社会の規範が再生産されてしまうことももちろん、ある（左翼運動に従事している男性がジェンダーの問題になると途端にトンチンカンになるのと同じことだ。これは本当によくあることで、つい、ため息がでる。やれやれ）。バトラーが述べていた例だと、社会のなかにある異性愛規範がフェミニズム運動の内部においても再生産されていたと言えるだろう。そして、それによって、フェミニズムが表象する「女たち」のなかから、レズビアンをはじめとしたセクシュアル・マイノリティの「女たち」は周縁化ないし排除されてしまうことになる。

このように、「女たち」という語は「たとえそれが複数形であったとしても、厄介な用語であり、争いの場、不安の原因なのであ」り、というのは、そこで表象される「女たち」が社会のなかで比較的特権的な立場の女性たちになりやすく、そこから周縁化されてしまう「女たち」が生まれてしまうからだ。男性中心主義のこの社会に異議を申し立てるために、「女」という性的差異を強調することは必要なことだ。でも、その「女」という言葉からたくさんの「女たち」が零れ落ちてしまう——フェミニズムにはそういう構造的な隘路があるのだ。

バトラーはその困難や隘路に粘り強く真摯に向き合ったんだ。そして、それはなにもバトラーだけではなかった。

†同時代のフェミニストたちとともに

ところで、先に引いた引用文のなかに、デニス・ライリーの著書 *'Am I That Name?': Feminism and the Category of "Women" in History*（「それが私の名前なの？」――フェミニズムと歴史における「女たち」というカテゴリー）（1988）が言及されていた。デニス・ライリーを知っている人はさすがに少ないと思う（私だって、そんなに自信をもって「知っている」と言えるわけではない）。しかし、ライリーの本はバトラーにとって重要なものだったようだ。

たとえば、バトラーはあるインタビューで次のように述べている――「『ジェンダー・トラブル』よりも先にデニス・ライリーの『それが私の名前なの？』があったこと、そして、その本から私が強く影響を受けた方法でライリーが議論を展開していたことを喚起しておくことは重要です」（Butler, 2010c, p.336）、と。どうやら、バトラーがライリーの著書から多くの着想を得たのは間違いなさそうだ。

ちなみに、このライリーへの発言のあとの箇所で、バトラーは次のようにつづけている。

私の議論は、フェミニズムや、クィア理論という当時出始めたばかりの新興の分野との関係のなかで、理論的な様式でなされました。同時に、まさに様々な異なった地平から、フェミニズムの単一化された主体に対して反論した他の人たちがいました。ベル・フックスはもちろん、『私は女じゃないの？（*Ain't I a Woman*）』でそのような議論をしました。パトリシア・ヒル・コリンズはそのような議論を別の仕方で行いました。キンバリー・クレンショーは「インターセクショナリティ」という彼女の概念を用いて議論しました――女性的な主体はつねに複雑なものであるにちがいないのです。スピヴァクはこのことを、きわめてラディカルに論じました。ですから、このような議論は様々な立場から、それぞれ異なった時期に、すでになされていたのです。『ジェンダー・トラブル』が唯一の応答だったとは私は思いません。それはその運動の内のひとつの契機なのです。（Butler, 2010c, p.336）

バトラーの『ジェンダー・トラブル』、その思考は、突然、何の前触れもなく、登場してきたわけではない。むしろ、（ここで名前が挙がっている人に限っても）ライリーやフックス、コリンズ、クレンショー、スピヴァクなどをはじめとした同時代の様々なフェミニストたちの思想と共振し呼応しながら出てきたものなんだ。

そこで以下では、ここで名を挙げられた理論家たちを中心に紹介していくことにしたい。それによって、バトラーの『ジェンダー・トラブル』におけるフェミニズムへの問題意識に対する解像度もグッと上がるからだ。そして、そこでキーワードのひとつになるのが「インターセクショナリティ（intersectionality）」である。

†クレンショーの「インターセクショナリティ」

というわけで、まず、「インターセクショナリティ」という言葉そのものを生んだキンバリー・クレンショーについてみていくことにしよう。クレンショーは、黒人女性のフェミニストで法学者、批判的人種理論家として知られている。クレンショーがはじめに「インターセクショナリティ」という用語を提示したのが、一九八九年に書かれた論文"Demarginalizing the Intersection of Race and Sex（人種と性の交差点を脱周縁化する）"である。

インターセクショナリティは"intersection"という言葉から派生して造られた言葉であり、"intersection"は「交差点」を意味する。したがって、インターセクショナリティは直訳すれば「交差点性」ということになる。クレンショーはこのような視覚的にもわかりやすい比喩を用いて、差別の「交差性」を認識することの重要性を説いたのだった。実際、前掲の論文で彼女は次のように述べている。

重要なのは、黒人女性は複数の仕方で差別を経験しうるということであり、矛盾が生じるのは彼女たちの排除に関する申し立ては一方向のものであらねばならないという想定からであるということだ。交差点（intersection）という交通路に類推して考察してみよう。そこでは、四つの方向から往来がある。差別は交差点のように、あるひとつの方向から起こるかもしれないし、それとは別の方向から生じるかもしれない。もし事故が交差点上で起こるなら、事故は複数の方向から来る車によって引き起こされる可能性があるし、ときには全方向から引き起こされうる。これと同様に、もし黒人女性が交差点上にいるために傷つけられるなら、彼女の損傷は性差別あるいは人種差別によるものでありうる。(Crenshaw, 1989, p.149)

このように、クレンショーが提示したインターセクショナリティは、性差別と人種差別を別々に切り離して考えるのではなく、その「交差」を理論化するために提示された概念であった。それは、黒人女性が性差別と人種差別の「交差点」において両方の差別から「轢かれる」現実に対する差し迫った問題意識から生まれたのである。

クレンショーが指摘している重要なことは、「〇〇問題」「〇〇差別」といった具合に様々な差別をひとつひとつ切り離して考える思考法（彼女はそれを「シングルイシュー・モデル」と呼ぶ）は複数の差別の「交差点」上にいる人たちの存在を消し去ってしまうということである。だから、誤解されがちだけど、「インターセクショナリティ」というのは、単に、いろいろな差別を足し算して、「マイノリティのなかでもさらに二重三重に苦しんでいるマイノリティがいるよね」という発想とはちょっと異なる。そもそも、クレンショーが「インターセクショナリティ」という概念を作った背景には、その視点がなければ、（ここでは「黒人女性」のように）現実に存在しているのに「いないことにされる」ことになってしまうという差し迫った状況があったんだ。まさにそのような「抹消」に抗して生まれたのが「インターセクショナリティ」なのである。この点について、わかりやすく、かつ、彼女自身が考察した有名な例を取り上げることで説明しよう。

それは、一九七六年に行われた「デグラフェンレイド対ゼネラルモーターズ裁判」と呼ばれる裁判である。これは、エマ・デグラフェンレイドほか四人の黒人女性が職業差別を受けているとしてゼネラルモーターズを訴えたものだった。ゼネラルモーターズが事務職や秘書に「白人女性」を雇い、「黒人男性」を工場で雇っており、それぞれ不当な扱いはなかったということから、裁判官は同社には「性差別」も「人種差別」もなかったと判断を下した。この事例では、「人種差別」と「性差別」を別々に切り離して理解する「シングルイシュー・モデル」によって、まさにその「交差点」に立つ黒人女性への差別が「なかったことにされて」しまったんだ。インターセクショナリティという視点が必要な理由がよくわかる事例だと思う。

「インターセクショナリティ」という用語は現在、幅広く様々な差別の「交差性」を指すために用いられている言葉になっているけど、クレンショーの議論はもともとブラック・フェミニズムの文脈から生まれたものだ。そして、インターセクショナリティという用語そのものがクレンショーによって創造されたものだとはいえ、そのような考え方やアイディア、視点の萌芽はすでにそれ以前から様々な形で芽生えていた。例えば、次に触れる、ベル・フックスがそうである。

†フックスの『私は女じゃないの?』

そこで、バトラーも名を挙げていたベル・フックスがどのような議論を展開していたかをみていくことにしよう。フックスの著作はまさに、黒人女性がアメリカにおいてどのような苦境にあるかを示し、そして、フェミニズムは「ジェンダーだけ」を問題化するものでは不十分であることを示すものだった。

実際、フックスが一九八一年に出版した *Ain't I a Woman: Black Women and Feminism*（私は女じゃないの？——黒人女性とフェミニズム。邦題は『アメリカ黒人女性とフェミニズム——ベル・フックスの「私は女ではないの？」』）で以下に述べていることは、黒人女性がアメリカにおいていかなる状況にさらされているのかをよく示すものである。

黒人女性ほど、自己を押し殺すように社会化された集団は、アメリカにはほかにない。この文化の中で、私たち黒人女性が黒人男性と別個の集団であると認められることはめったにないし、「女性」という集団の一部と認められることもほとんどない。黒人について論じられるときは、性差別のせいで黒人女性の声がかき消され、女性について論じられるときは、人種差別のせいで、やはり黒人女性の声がかき消される。黒人について論じられるときは、たいてい黒人男性に、女性について論じられるときは、たいてい白人女性にスポットライトが当てられる。（フックス、二〇一〇年、二〇頁）。

フックスが述べているように、「黒人について論じられるときは、性差別のせいで黒人女性の声がかき消され、女性について論じられるときは、人種差別のせいで、やはり黒人女性の声がかき消される」状況が存在した。それはまさに、先ほど紹介したクレンショーの言葉を借りれば、差別を別々に切り離して理解する「シングルイシュー・モデル」では、黒人女性をはじめとした複数の差別の「交差点」を生きている人たちの存在が社会的に「かき消される」事態だった。

このような状況に対してフックスが提示したフェミニズム理論はまさに、性差別と人種差別を同時に捉えようとするものであり、さらには階級の問題をも同時に捉えようとするものだった。実際、フックスは性差別と人種差別の他に階級の問題も付け加えている。フックスは『ベル・フックスの「フェミニズム理論」――周辺から中心へ（Feminist Theory: From Margin to Center）』（1984）で、ベティ・フリーダンの『新しい女性の創造（The Feminine Mystique）』（1963）を批判している。『新しい女性の創造』は、アメリカ合衆国の第二波フェミニズムにおいて火付け役的な役割を担った記念碑的な著作だ。そこで彼女は、白人中産階級の主婦が陥っていた虚無感や自己喪失感――彼女が「名前のない問題」と呼んだもの――を告発したのだった。これに対して、フックスは次のような批判を加えている。

たしかに、こうした白人の有閑階級の主婦特有の問題やジレンマは、彼女たちにとっては考慮しなければならないし、変えていかなければならない現実問題としての関心事だった。しかし、それは大多数の女性にとって差し迫った社会的な関心事ではなかった。大多数の女性は、経済的な死活問題、そして民族差別や人種差別などといった切実な心配事をかかえていた。

フリーダンが『女らしさの神秘』〔邦訳版タイトルは『新しい女性の創造』〕を著した当時、女性の三分の一以上が労働者だった。（フックス、二〇一七年、二〇頁）

とりわけ、黒人女性にとって、家庭内で家事や育児などの再生産労働に従事していたのはもちろんのこと、「家の外で」仕事をすることも珍しいことではまったくなかった。しかし、フリーダンは、大学教育を受けた「白人の有閑階級の主婦特有の問題やジレンマ」に焦点を当てたのであり、そのスポットライトからは多くの「女性たち」が零れ落ちることになってしまう。

このように、フックスがフリーダンを批判したのは、あたかも「白人中産階級の女性フェミニスト」が語る「女性」が「女性全体」を表象しているかのように当時受け止められていたからなんだ。したがって、フックスは次のように述べるわけだ。

重要なのは、彼女〔フリーダン〕の著書における女性の現実に対する一面的な見方が、現代フェミニズム運動の際立った特徴になってしまったことである。その先駆者としてのフリーダンと同じように、今日でもフェミニズム思想を我がもの顔で語る白人女性たちは、女性の現実に対する自分たちの物ごとの見方が女性全体の実際の体験にそったものであるかどうかを疑問視することはほとんどない。偏見に対する意識が最近ますます強くなってきているにもかかわらず、自分たちの物ごとに対する見方がどれほど人種的、階級的な偏見に満ちているかということにすら気づいていない。（フックス、二〇一七年、二二頁）

このように、フックスのフェミニズム理論は、ジェンダー・人種・階級の絡み合いを理論化しようとするものであり、「女性の現実に対する一面的な見方」、あるいはクレンショーの言う「シングルイシュー・モデル」に対する批判であったと言えるだろう。インターセクショナリティという用語こそ用いられていないものの、フックスの理論はまさに「性と人種と階級における抑圧の相互関係」（フックス、二〇一七年、五七頁）を問題にするインターセクショナルなフェミニズムの理論であり、その系譜のひとつだ。したがって、インターセクショナリティというアイディアの「起源」がクレンショーの論文にあったというわけではない。クレンショーはそれを命名したのであって、その研究ももちろん重要なものだけど、ここに挙げたフックスや、それ以外にもアカデミズムとアクティヴィズムの双方でそのような視点はすでに提起されていたんだ。

†コリンズとビルゲの『インターセクショナリティ』

ところが、現在、「インターセクショナリティ」という言葉はよく、様々な差別の交差性を指す言葉として普及しており、それは現在の日本でも、なにか「新しい」概念として受容されている印象がある。そして、そのような「インターセクショナリティ」という言葉の「起源」として、しばしば、先に紹介したクレンショーの論文が挙げられる。まるで、クレンショーがこの考えを作り出し、それ以前の人たちにはなかった発想であったかのように。

このような趨勢を、バトラーも名前を挙げていたパトリシア・ヒル・コリンズはスルマ・ビルゲとの共著『インターセクショナリティ』(2020)の第三章「インターセクショナリティの歴史を整理する?」で以下のように批判している。ちなみに、コリンズは下地ローレンス吉孝が同書の「解説」で紹介しているように、「人種、ジェンダー、階級に関する先駆的な研究によって世界的に知られている「インターセクショナリティ」概念の先駆者の一人と言える。〔……〕一九九〇年に出版したBlack Feminist Thoughtなど様々な業績を通じてインターセクショナリティの理論化に大きな貢献を果たし、後のインターセクショナリティの世界的な広がりと数々の研究者や実践者に影響を与え続けている」（下地ローレンス、二〇二一年、三四四頁）人物だ。

現代の研究者のほとんどは、一九八〇年代後半から一九九〇年代初頭に「インターセクショナリティ」と名付けられるまで、インターセクショナリティは存在していなかったと仮定しており、それ以前の期間に気付いていないか、あるいは無視をしている。その代わりに、アフリカン・アメリカンの法学者キンバリー・クレンショーによる「造語」を、インターセクショナリティの基礎となる瞬間として提示している。クレンショーの研究は極めて重要であるが、私たちは「インターセクショナリティ」と名付けられた時からそれが始まったという見解には問題があると指摘したい。こうした特定の起源を設定することは、この言葉の造語以前の、インターセクショナリティの批判的探究と批判的実践の相乗効果がより顕著であった時期をないものとして扱い、インターセクショナリティが単なる学問分野の一つであるという再定義を促してしまう。〔……〕一九九〇年代にインターセクショナリティが出現したかのようなナラティブが多いが、それに先立つ数十年との関係において、はじめてその言葉は意味を成すのである。（コリンズ／ビルゲ、二〇二一年、一一四―一一五頁）

事実、一九九〇年代以降の第三波フェミニズムや二〇一〇年代からの第四波フェミニズムを形容する新たな特徴としてインターセクショナリティを挙げる人たちは多い。でも、そのような捉え方をしちゃうと、あたかも、一九九〇年以前のフェミニズムには「インターセクショナリティ」の観点はなかったかのように聞こえてしまう。だが、コリンズが指摘しているように、それまでの歴史を無視するわけにはいかない。

そして、そのような「無視」を、『インターセクショナリティ』の共著者であるスルマ・ビルゲは「白紙化」と呼んでいる。同書の「解説」で、下地ローレンス吉孝はその議論を次のようにまとめている。

〔共著者のスルマ・〕ビルゲはこれまで、アカデミック・フェミニズム内部におけるインターセクショナリティの脱政治化を鋭く批判してきた。とりわけ、〔……〕アカデミックな一部のフェミニズムがインターセクショナリティを学術的な理論に留めおくことで、「インターセクショナリティを白紙化している　whitening of intersectionality」と批判している。「白紙化」とは、それを行っている者の身体性や肌の色などを示す概念ではなく、ブラック・フェミニズムやウィメン・オブ・カラーによって培われたインターセクショナリティの理論的意義を軽視する（そして分析的な人種概念も軽視する）文脈の中で行われる、概念の無力化であると説明している。（下地ローレンス、二〇二一年、三四五頁）

それは、アメリカにおける #MeToo 運動がもともと二〇〇六年に黒人女性活動家のタラナ・バークが始めたものであるにもかかわらず、俳優のアリッサ・ミラノなどが同名のハッシュタグで Twitter（現X）で呼びかけ、大きくなったことで、その「起源」が忘れ去られがちになってしまったという動向とよく似ている。インターセクショナリティという概念も同様で、このような「白紙化」に警戒しないといけないだろう。

このような趨勢に対して、コリンズとビルゲによる『インターセクショナリティ』では、「インターセクショナリティの歴史は、時代の流れや地理的な位置で整然と整理することはできない」（コリンズ／ビルゲ、二〇二一年、一一四頁）としながら、「一九六〇年代後半から一九八〇年代初頭までの数十年にかけての、米国における社会運動アクティビズムがインターセクショナリティの主要なアイディアの多くを生み出した時期」（同一一四頁）を念入りに取り上げている（ので、ぜひ、彼女たちの本を手に取って読んでみてほしい）。

これまでの私自身の論述もとくにブラック・フェミニズムを中心に取り上げてきた。しかし、コリンズ／ビルゲが言うように、「インターセクショナリティの核にあるアイディアは、植民地主義、レイシズム、セクシズム、軍国主義、資本主義的な搾取といった時代ごとの危機に直面した社会運動の文脈内において形成されてきた」ものであり、「ウィメン・オブ・カラーはこうした権力システムのいずれか一つのみによって影響を受けるのではなく、これらの重なり合いによって影響を受けてきたため、それぞれ異なる語彙を用いながら、インターセクショナリティの核となるアイディアを打ち出す自律的な運動を形成してきた」んであって、だから、インターセクショナルなアイディアを打ち出してきたのは何もブラック・フェミニズムだけというわけではない（同一一四頁）。

したがって、この節の終わりに、コリンズ／ビルゲの次の言葉も紹介しておくことにしよう（くどいようだけど、詳しくはぜひ直接読んでほしい）。

アフリカ系の出自の女性に対する差別の歴史を考えれば、アフリカン・アメリカン女性に、当時はまだ名付けられていなかったインターセクショナリティを発見したという所有権を認めたくなる。しかし、米国においてアフリカン・アメリカン女性は、チカーナやラティーナ、先住民族の女性、そしてアジアン・アメリカン女性との多種多様な同盟関係の一部であったのだ。彼女たちの経験や、彼女たちが参加し組織してきた社会運動は、様々な形態をとっていた。しかし、こうした諸々の集団は、日常生活の経験における人種、階級、ジェンダー、セクシュアリティが相互に関連していることを主張し、また、インターセクショナリティの分析が、彼女たちの政治的な切望の中心となっていることを主張してきた。(コリンズ/ビルゲ、二〇二一年、一二四頁)

†「第三世界」からの問いかけ

このように、インターセクショナリティの萌芽はブラック・フェミニズムのみに認められるわけではない。むしろ、コリンズとビルゲの言葉を借りれば「植民地主義、レイシズム、セクシズム、軍国主義、資本主義的な搾取といった時代ごとの危機に直面した社会運動の文脈内において形成されてきた」ものであり、したがって、その歴史を簡単に整理することもできない。そこで、ここではせめて、ブラック・フェミニストの他に、そして、バトラーが名前を挙げていたスピヴァクの理論を紹介するために、「第三世界出身の女性」のフェミニストがどのような議論を展開していたかをみておこう。

そこで、まず私がここで紹介したいと思うのが、チャンドラ・タルパデー・モーハンティによる一九八六年の論文「西洋の視線の下で――フェミニズム理論と植民地主義言説（Under Western Eyes: Feminist Scholarship and Colonial Discourses）」である。モーハンティはインド出身のフェミニスト理論家だ。

……なんだけどさ、その前に、ちょっと、次の引用文を読んでみてほしいんだ。以下は、マーサ・ヌスバウムの『感情と法（Hiding from Humanity: Disgust, Shame, and the Law）』（2004）からの一節である。

それほど以前にではなく、女性は、脚、時に腕を隠し、大きな布の遮蔽幕で下半身を覆う衣服の下に、自分たちの性を隠すように強いられた。女性は、自分たちの欲望や、自分たちがなす活動、少なくとも望んでいる活動を偽るような仕方で振る舞うように強いられもした。〔……〕／いまや女性は、ズボンをはいていても、はいていなくても、脚を見せることができるようになった。しかしそれでも、民主主義は堕落したりしなかった。実際、ホーランダーは、もっともなことに、真正の民主主義の前提条件として、女性の身体が等しく人間的であると認められるべきだと論じる。それは、今度は、女性に脚を見せることを許すように、服装の厳格なしきたりを覆すことを求

める。（ヌスバウム、二〇一〇年、三七五―三七六頁）

この一節を読んで、あなたはどう思うだろうか？　ちょっと意地悪な、というか、穿った見方をすると、この一節には次のような図式が暗に認められはしないだろうか。つまり、「ある社会が民主主義的であること」と「女性が肌を露出する服を自由に着ることができること」のあいだには比例関係があるのだ、と。もしそうだとすれば、このことは逆に、「女性が肌を「隠す」服を着ること」は「女性抑圧」の証であり、それはまた「非民主主義的な」社会の特徴だ、という発想に帰結しはしないだろうか。そんな発想がこの一節には含まれているのでは？　と考えるのは私だけだろうか。

ここでこの話を取り上げたのは、もちろん、モーハンティの議論をわかりやすく紹介したいからで、そして、具体的な例としてヴェールの話がしたいからだ。非イスラム圏の文化を生きている人には、現代でも、「ヴェール＝女性抑圧の証拠」という一元的な見方がしばしば見受けられる。もちろん、ヴェールの着用が本人の意思を無視して強制されるなら、それは女性抑圧と言えるけど、「ヴェールを被ること」はつねに女性抑圧を意味するのだろうか。そこで、モーハンティの次の言葉を紹介したいんだ。

サウジアラビアとイランの女性が被るヴェールが外見上似ているとしても、この慣行に付随する固有の意味は、文化的、イデオロギー的な文脈に応じて異なる。〔……〕たとえば、よく知られているように、イランの中産階級女性は、一九七九年の革命時には、ヴェールをつけた労働者階級女性への姉妹的な連帯を示すためにヴェールを被ったが、現在〔一九八六年時〕のイランでは、強制的なイスラム法がすべての女性にヴェールを被るよう命じている。〔……〕前者の場合、ヴェールを被ることは、体制に反対するイランの中産階級女性の革命的なジェスチャーだったが、後者の場合には、制度による強制的命令にほかならない。特定の文脈にそった分析にもとづいてこそ、効果的な政治戦略が生まれる。イスラム諸国で女性がヴェールを被るという慣行だけを根拠に、女性が隔離され、普遍的に抑圧されていると主張するのは、分析上の還元主義であるだけでなく、闘いの政治戦略を練り上げる際にもまったく役に立たない。（モーハンティー、二〇一二年、四九―五〇頁）

このようにモーハンティによれば、「ヴェールを被ること」はつねに「女性への抑圧」を意味するわけではなく、その慣行は「文化的、イデオロギー的な文脈に応じて異なる」。

しかし、西洋のフェミニズムの下では、「ヴェールを被る慣行が即女性支配の普遍的な証拠だと主張する」根拠とされた(同四九頁)。「ヴェールを被る女性」はつねに「家父長制によって抑圧されている女性」として解釈されていたんだ。

このような解釈において明らかなのは、フェミニズムにおける「西洋中心主義」の問題である。そこでは「西洋」という(特定の)文化や価値観が普遍的なものとされ、その物差し(あるいは、モーハンティの言葉を借りれば「眼差し」)の下で「第三世界女性」の経験は測られ、「言説的に植民地化」されてしまうことになる(同二八頁)。

したがって、モーハンティがその論文で批判しているのは(これまで紹介してきたフェミニストと同様に)「「女性」をひとつのカテゴリーと位置づけること」(同三一頁)に対してだ。つまり、彼女の言葉を借りれば、「女性を、階級や民族や人種に関係なく、矛盾も抱えていなければ利害も欲求も明確な、すでに確立された一枚岩の集団と想定」し、「ジェンダーや性的差異やあまつさえ家父長制の概念を、文化を越えた普遍的なものと考えること」である(同三一頁)。このような「女性は集団として同一の抑圧を受けている」という想定の下、「物質的・歴史的に多様な第三世界の女性たちの生き方」が「言説的に植民地化」され、「単一のものとして生産・表象」されることを、モーハンティは批判したんだ(同二八頁)。

当時、「家父長制」という概念が問題視されていた背景には、このような問題意識があった。「家父長制」が〝すべての女たち〟に対する差別や暴力を説明する概念として振りかざされてしまうと、例えば「白人女性」と「黒人女性」、「第三世界女性」……、それらの「女たち」の経験はみな「家父長制によって性差別を受けている女性」として一様に同じものとして扱われてしまうことになる。その結果、それらの「女たち」のあいだにある差異は無視され、それどころか、西洋フェミニズムの下に「植民地化」されてしまう。

バトラーの『ジェンダー・トラブル』における家父長制という概念への批判も、このような議論を踏まえてのものなんだ。実際、バトラーも次のように述べているが、以上の議論を踏まえれば、よくわかってもらえるかと思う。

フェミニズムには普遍的な基盤が存在しなければならず、それは文化を横断して存在するひとつのアイデンティティのなかに見出さなければならないという政治的な想定にしばしば付随しているのは、女たちの抑圧は家父長制や男性的支配の普遍的で覇権的な構造にみられるような単一の形態を有するという考えである。普遍的な家父長制というこの観念は近年広く批判されてきており、というのは、ジェンダー抑圧が存在している具体的な文化的文脈に沿ってジェンダー抑圧を説明することにそれが失敗しているからである。これらの様々な文脈がそのような理論のなかで顧慮されている場合でも、それは、はじめから想定されている普遍的原理の「具体例」や「実例」を見つけにいったにすぎない。このような形のフェミニズムの理論が批判されるに至ったのは、それが、西洋的な抑圧の概念を大いに裏づけるために、非西洋の文化を植民地化し、領有する試みだったからであり、そればかりか、ジェンダー抑圧が本質的で非西洋的な野蛮の徴候だとして巧妙に説明される「第三世界」や「オリエント」さえをも構築する傾向があるからだ。(Butler, 2010a=2006, p.5=22-23)

ちなみに、念のため補足しておくけど、このような「家父長制」という概念への批判は、イコール「家父長制は無い」ということではもちろん、ない（日本社会に住んでいる人はよくご存じだろうけど！）。そうではなく、ここで批判されているのは、「家父長制」がどんな社会や文化にも関係なく無文脈に存在しているという想定に対してであり、また、「家父長制」という概念の下で「女たち」が「一枚岩の存在」として一様に表象されることに対してなんだ。そのような想定はしばしば、有色人種の女性たちや第三世界の女性たちの存在を「白人中心主義的で西洋中心主義的なフェミニズム」のために「植民地化」するものになってしまうからだ。

†スピヴァクの「サバルタンは語ることができるか?」

さて、インド出身であるガヤトリ・チャクラヴォルティ・スピヴァクもモーハンティと同様の立場から問題提起したんだけど、それはバトラーが言っていたように「きわめてラディカルに」行われた。それが「きわめてラディカル」である由縁は彼女が提起した「サバルタン」という概念にある。それが提示された有名な論文「サバルタンは語ることができるか(Can the Subaltern Speak?)」は一九八八年に『ディファレンシズ』誌に掲載されたものだ。そこでスピヴァクが提起したのは、まさにタイトルにある通り「サバルタンは語ることができるか?」という問いである。

「サバルタン」とはもともとは軍隊用語で「ひとつ下の階級」を指す言葉だが、マルクス主義者のアントニオ・グラムシ(一八九一―一九三七)はこの概念を「従属する者」や「覇権をもたない集団や階級」といった存在を指す概念として鋳直した。グラムシがそこで具体的に念頭に置いていたのは南イタリアの貧農層で、都市部のプロレタリアートのように階級や集団としての力をもたない存在を指すために用いたのだった。そして、このグラムシによる「サバルタン」という概念は、インドの「サバルタン研究集団」によって、独立後のインド社会における貧農や労働者、不可触民などのひとたちを指すものとして拡張されたのだった。

それに対して、スピヴァクがその論文でとくに焦点を当て、強調しているのは、グローバル資本主義（あるいは、新植民地主義）のなかで搾取されているサバルタンの存在であり、そのなかでもサバルタン女性の存在である。「植民地における知的生産活動のコンテクストのなかにあって、もしサバルタンは歴史をもたず語ることができないのだとすれば、女性的存在としてのサバルタンはさらにいっそう深く影のなかに隠されてしまっているのである」（スピヴァク、二〇〇六年、五一頁）。

このような「サバルタン」という概念を用いながらスピヴァクが提起したのは、「"representation"の限界」という問題である。ここでは、その議論をできるだけわかりやすくみていくことにしたい。

英語の"representation"は多義語で、「表象」や「代表」、「代弁」などなどを意味する言葉である。身近な例を考えてみよう。例えば、選挙はどうだろう。選挙によって選ばれた政治家は、「国民」の「代表」であり、「国民」の声を「代弁」し、「表象」する存在である（はず）。政治家は「国民」になり代わって「代弁」するわけだ。もちろん、選挙権をもつ者のなかには、その票が「死票」になってしまい、自身が支持したのではない政治家が選出されることがある（私はいつもそう）。しかし、選ばれた政治家は、その支持しなかった人たちも含めた「国民」全体の「代表」であるとされ、支持しなかった人たちはその「全体」のなかに回収され、その存在は「かき消されて」しまう。

「代表／表象（representation）」にはつねにこのようなメカニズムが働いている。例えば、学校のクラスで行われる多数決でもいい。クラスの多数派の意見がそのクラス全体を「代表」し、少数派の意見は消え去り、そればかりか、少数派もその「全体」のなかに組み込まれる。なぜなら、それはクラスの「総意」なのだから（多数決の「嫌～な感じ」はそんなところにあるように思う）。そして、当然、同じことはフェミニズムにも言える。フェミニズムはまさに「〝representation〟の政治」だからだ。フェミニズムはまさに、「女たち」の声を「代表」し、「代弁」し、「表象」する実践なのだから（もちろん、同じことはフェミニズムだけでなく、他の社会運動にも言えることだ）。

これまでの議論からも明らかだと思うけど、「代表／代弁／表象（representation）」は必ずや、その「表象」から排除され、零れ落ちてしまう他者を生んでしまう。実際、スティーヴン・モートンはスピヴァクの理論を解説した著書のなかで次のように説明している。

「「サバルタンは語ることができるか？」でスピヴァクが強調するように、政治的言説において「労働者」や「女性」の声は、しばしば政治的な代理人、すなわち選挙された代表者によって表象され、そうした代弁者がこうした人びとの利益を代表して語ることになる。

そのような政治的言説は、こうした無力な集団がまるで統合された政治的主体として集団的に語っているかのように代弁する傾向がある。しかしスピヴァクによれば、このような一貫した政治的アイデンティティそのものが、つねにすでにこうした集団を代弁する支配的言説の効果なのであって、真の労働者とか、本当の女性とかを透明に写しだすものではない」のであり、「無力な者の複雑な生や歴史や闘いが、彼女たちを代弁すると主張する革新的な政治言説によってかき消されてしまう」のである、と(モートン、二〇〇五年、六二頁)。

「サバルタンは語ることができない」——それが一九八八年の「サバルタンは語ることができるか」の論文におけるスピヴァクの「絶望」に満ちた結語である。「代表/代弁/表象(representation)」の政治はそこから零れ落ちる他者を必然的に生んでしまうのであり、その「表象不可能な他者」の存在こそ、スピヴァクにとって「サバルタン」、とりわけ「サバルタン女性」である。この結語は決して、「サバルタンは語る力をもたない」ということではない。後に同じ論文を所収した『ポストコロニアル理性批判(A Critique of Post-colonial Reason: Toward a History of the Vanishing Present)』では、より注意深く、「女性としてのサバルタンは、その声を聞いてもらうことも読んでもらうこともできないのだ」(スピヴァク、二〇〇三年、四四七頁)と書き直している。それはサバルタンがどれだけ懸命に声を振り絞っても、政治的な代表＝表象（representation）のシステムのなかで無視されるか、歪曲されるか、利用されるかして表象されることがないということなのだ。

スピヴァクの理論は、まさにバトラーが形容したように「きわめてラディカル」なものだ。それは、フェミニズムをはじめとした「"representation"の政治」の「不可能性」を突きつけるものだったからだ。それは言い換えれば、「私たち」に対するある種の倫理的な警告である。「私たち」は完璧には「私たち」にはなりえないのだという警告だ。それが「倫理的」であるのは、まさに「私たち」がその「私たち」から零れ落ちた他者の存在を念頭に置き、注視し、そして「私たち」のなかで自己を表象できる自分自身の存在の「特権」に気づくためのものだからである（ところで、このような理論を展開したことにはスピヴァク自身の生い立ちや経験が反映されているように思う。スピヴァクは「インド出身の女性」だが、彼女は「インドの中産階級」の出身で、アメリカの大学院でポール・ド・マンに師事し、アメリカの大学で教授となった「超」がつくほどのエリートでもある。しかし、「インド出身の女性」であるということで、その「代弁」を求められるような機会が幾度もあったことだろうと推察される。その度に自分に「インド人女性」を「代弁」することがどんな意味をもつのか、そんなことができるのか、と、つねにそんな葛藤を抱えつづけてきたからこそ、このような理論が生まれたのではないだろうかと私は思ったりする）。

†「私は女じゃないの?」から『それが私の名前なの?』へ

さて、やっと、ここで、デニス・ライリーの話に移ろう。と、その前に、ここで思い出してほしいことがある。ベル・フックスはその著作のタイトルに「私は女じゃないの?(Ain't I a woman)」という言葉を用いていた。この言葉は実は「引用」である。そして、この同じ言葉——「私は女じゃないの?」——は、ライリーの著書『「それが私の名前なの?」』の冒頭部分でも引用されている。この言葉は、ソジャナ・トゥルース(一七九七?—一八八三)という人のものだ。

トゥルースは奴隷制度廃絶論者で解放奴隷だった黒人女性で、彼女の「私は女じゃないの?」という言葉は、一八五一年に開催された女性参政権拡張運動の総会のなかで白人女性たちの前で繰り返された言葉とされているんだ(トゥルースの存在はまさにインターセクショナリティの系譜のなかに数えられていい存在であるが、コリンズとビルゲによれば、トゥルースは「勇気ある人物だったが、黒人たちの集合的なアクティビズムがまだ広まっていない中で」(コリンズ/ビルゲ、二〇二一年、一二一頁)の活動だったため、それは集合的なブラック・フェミニズムの社会運動には当時つながらなかった)。

さて、ライリーもまた、その著書の冒頭でこのトゥルースの存在にまず言及している。

その冒頭を引いてみよう。

奴隷制度廃絶論者で解放奴隷だった黒人のソジャナ・トゥルースは一八五一年にアクロンの会議で演説し、そして、その有名な締め括りにおいて、不適格に下されていた女の弱さという考えに反対して、彼女自身の強靭さをはっきりと示した。彼女はその演説を「私は女じゃないの？（Ain't I a woman?）」と繰り返し言って終えた。私の望みは、新たなソジャナ・トゥルースなら〔……〕もうひとつの申し立てを行うにちがいないことを読者に示すことである。（Riley, 1988, p.1）

ライリーが『「それが私の名前なの？」』で主張しているのは、トゥルースが「私は女じゃないの？」と問うたように、そして、現代に蘇った「新たなソジャナ・トゥルース」ならきっと問うだろうように、「女（woman）」だけでなく、「女たち（women）」というカテゴリーをも問わなければならない、ということなんだ。果たして、「女たち」というカテゴリーは「一枚岩」のものなのか、それは歴史のなかで不変のカテゴリーだったのか、と。実際、彼女は次のように述べている。「「女」だけでなく「女たち」も厄介な（troublesome）ものである——そして、私たちの疑いをこのように拡張することはフェミニズムのためになるということである」(Riley, 1988, p.1)。

だから、ライリーが試みたのは、「女たち」というカテゴリーがいかに歴史的に構築されたものであるか、そして、それがいかに不安定なものであるかを示すことだった。実際、彼女の試みは、ヨーロッパの歴史において、「「男たち」あるいは「女たち」というバナーの下で人々を配置することは他の概念――「社会」や「身体」のような――の歴史と絡まり合っている」(p.7)ことを示しながら、その絡み合いのなかでいかに「女たち」というカテゴリーが形成され、変遷し、構築されていったのかを明らかにしようとするものだった。そして、このような「女たち」のカテゴリーの歴史は当然、「フェミニズムに深く影響を与える」ものでもある。

ここでは、簡単に紹介することしかできないが、以下の文章はライリーの主張の要約としても読めるので、その箇所を引用しよう。

図式的に言えば次のようになる。「女たち」は歴史的、言説的に構築されるものであり、つねに、それ自身変化している他のカテゴリーと関連し合いながら構築されるということ。「女たち」は移ろいやすい集合性であり、その集合のなかで個々の女性はまさに様々に異なって位置づけられうるのであり、そのため、「女たち」という表面上の連続性は当てにならないものであること。「女たち」とは集合性として共時的にも通時的にも不安定なものであり、個人にとっては「女であること」もまた変わりやすいものであり、存在論的な基盤を与えることはできないということ。しかし、そのカテゴリーのこのような不安定性はフェミニズムに必要不可欠なものであるということは強調されなければならない。(pp.1-2)

このように、ライリーは、ヨーロッパの歴史における「女たち」というカテゴリーの構築の歴史を考察しながら、「女たち」というカテゴリーが「不安定なもの」であることを示す。その試みはまるで、(バトラーの『ジェンダー・トラブル』もそう受け取られたことがあったのと同様に)フェミニズムのその基盤を壊し、フェミニズムを否定するものに映るかもしれない。しかし、ライリーによれば、このような不安定性は「フェミニズムに必要不可欠なものであ」り、それを認識し、「女たち」というカテゴリーに疑義を差し挟むことは「フェミニズムのためになる」ことだと言うのである。

ライリーはフェミニズムを否定しようとしたわけではなかった。むしろ、「女たち」というカテゴリーに批判的な眼差しを向けることは、ここまでインターセクショナリティの議論を押さえてきた「私たち」にとってはとても重要な試みであるとわかってもらえると思う。実際、ライリーは次のように述べている。

性的な統一に関するいかなる研究も、また、「女たち」を差異化させる比喩的な強調に関する研究も、いずれも、年齢、職業、エスニシティ、亡命といった様々なものに注意しなければならないが、しかし、それらによって満たされることはないだろう。どれだけ差異の特定化が入念になされたとしても、それらの研究は最後には「女たち」という言葉にすがるようになるのであるが、まさに問題になっているのはこの最後のカテゴリーなのだ。(p.17)

「女たち」というカテゴリーはフェミニズムにとって基盤的なカテゴリーであるが、同時に、その実際の「女たち」はひとつの言葉(「女たち」)で括ってしまうにはあまりにも多種多様であるため不可能だ。したがって、ライリーが言うように、「「女たち」はフェミニズムに対して基盤であると同時にピリピリと緊張させるものであり、そして、それは絶えずそうなのである」(p.17)。「女たち」というカテゴリーはそのような緊張をつねに抱え込んだものであらざるをえない。というか、「女たち」とはそのような緊張で、あ、る、と言ったほうがいいだろう。「主体化と服従のあいだの危険な親密性は注意深い校正作業を必要とするのだ」(p.17)とライリーが言うのは、フェミニズムの「主体化」においてそのカテゴリーが必要であると同時に、そのカテゴリーから誰が排除されているのかを批判的に注視する「校正作業」が必要であるからなんだ。

ライリーのこれらの主張は、バトラーの『ジェンダー・トラブル』を読んだことのある人ならそう感じると思うんだけど、『ジェンダー・トラブル』に記載されていたとしても不思議ではないと感じるくらい、バトラーが書いていることとよく似ている(もちろん、まだ読んでない人も次節を読んでいただければわかってもらえるかな、と思う)。バトラーが『ジェンダー・トラブル』よりも先にデニス・ライリーの『「それが私の名前なの?」』があったこと、そして、その本から私が強く影響を受けた方法でライリーが議論を展開していたことを喚起しておくことは重要です」と言っていた由縁だ。

当然と言えば当然だけど、バトラーの思考は「無から」創造されたわけではない。それはライリーだけでなく、ここに挙げてきたような多くのフェミニストたちの遺産のなかで書かれたものなんだ。もしかしたら、ここまで読み進めてこう思う人さえいるかもしれない――バトラーってそんなに「オリジナルな」こと言ってなくない? って。うん、実際、そうなんだよ。ここまで確認してきたようなインターセクショナルな思想を、バトラーの「オリジナルな」思想とみなすことほどバトラーにとって「不名誉」な「誤読」はないだろうって、私はそう思うな。

†「私たち」の絶望と希望

あんまり簡単にまとめてしまうのは気が引けるけど、このような、いわば「インターセクショナル・フェミニズム」とでも呼べる系譜があるんだ。そして、バトラーの思想は明らかにその系譜に連なるものだ。といっても、このようなフェミニズムのあり方は『ジェンダー・トラブル』をバトラーが書いていた頃、フェミニズムの「主流」だったわけではもちろんなかった。実際、バトラーの『ジェンダー・トラブル』自体、いかに当時のフェミニズムが異性愛者中心だったか、そのことへの批判的な介入だったことはすでに話した通りだしね。

さて、ここまでの議論を踏まえると、フェミニズムにおける「女たち」というアイデンティティ、あるいはフェミニストが語る「私たち」という言葉は、その言葉が意味しようとするところとは裏腹に、〝すべての女たち〟を含み込むことに必ず失敗するものだということになる。

したがって、バトラーは次のように述べることになる。

フェミニストの「私たち」はつねに幻の構築物でしかない。この「私たち」は、目的をもったものであるが、その言葉の内的な複雑さや決定不能性を否定し、その言葉で表象しようとする支持者の一部を排除することによってのみそれ自身を構成する構築物でしかないのである。（Butler, 2010a=2006, p.194=250）

フェミニズムの「私たち」が〝すべての女たち〟を含むものになることはない。その「私たち」は必ずや、「支持者の一部を排除することによってのみ」成り立つ。この意味で、つまり、フェミニズムの「私たち／女たち」は〝すべての女たち〟を含んでいるように見えながらも実際にはそうではないという意味で、それは「つねに幻の構築物でしかない」。あるいは別の言い方をすれば、「私たち」に〝すべての女たち〟を含むために多種多様な属性を生きる女たちをリストアップしていっても、そのリストが決して「完成」することはない。仮にそのようにリストアップしていったとしても、最後には必ず「等々《エトセトラ》」で締め括られることになるだろう。事実、バトラーもこう言っている。

肌の色やセクシュアリティ、民族、階級、障害といった述部を入念に作り上げようとするフェミニズムのアイデンティティ理論は必ず、そのリストの最後を、ばつが悪

> そうに「エトセトラ」という語で締めくくる。地平線へと向かおうとする形容詞のこのような羅列を通して、これらの配置はある状況にある主体を懸命に取り込もうとするが、しかし、必ず完全なものになることに失敗する。(p.196=252)

そうであるなら、つまり、フェミニズムの「女たち／私たち」は「支持者の一部を排除することによってのみ」成り立つ「幻の構築物」でしかないのなら、フェミニズムは最終的には必ずや失敗するだけの無益な政治でしかないのだろうか。『ジェンダー・トラブル』は、「フェミニズムはいつも必ず失敗に終わる」、その事実を突きつける絶望的な宣告を下すために書かれたものだったのだろうか。

重要なことに、この節の最初に引いた引用部は次のようにつづいている。

> しかしながら、この「私たち」の薄弱で幻影的な性格は絶望の原因ではない。少なくとも、それは絶望の原因だけにはならない。カテゴリーの根本的な不安定性は、フェミニズムの政治的な理論化に対する基盤的な制約を問いに付し、そして、ジェンダーと身体だけでなく、政治そのものの他なる形態を開くのだ。(p.194=250 強調原文)

「私たち」は「薄弱」で「幻影的な」構築物である。「幻影的」であるということは、この「私たち」が完成することはありえないということだ。たとえ、その「私たち」が「すべての女性」を含んでいるようにみえたとしても、実際にはそんなことはありえない。

しかし、バトラーは、このような「カテゴリーの根本的な不安定性」は決して「絶望の原因ではない」と、少なくとも「絶望の原因だけ﹅﹅にはならない」と述べている。なぜなら、「私たち」を指す「女」をはじめとした様々なアイデンティティのカテゴリーが根本的に不安定であるということは、「新たな「私たち」」をまた改めて再開できるということでもあるからだ。「私たち」は「私たち」のあり方を批判的に問い直し、既存のジェンダーや身体、そして政治の「他なる形態を開く」ことができる。したがって、「カテゴリーの根本的な不安定性」は「私たち」の「希望」でもあるのだ。

一般に、社会運動は「団結」を前提にしがちだ。しかし、「団結」して「ひとつの目的」に向かって統一的に運動を進めることには危険が伴う。そこでは、「団結」の名の下に誰かが周縁化されたり排除されたりしていることが不問に付されてしまうことがしばしば起きるからだ。それよりもむしろ、「私たち」の内部で何が起きているのかを批判的に注視するほうがいいんじゃないだろうか。それは「私たち」という集団内部に不和をもたらすかもしれないが、でも、それでも、そのような不和に向き合うことこそが大切なのではないだろうか。
バトラーが以下のように語るのはそのためであり、本章の最後に以下の言葉を引いておこう。

おそらく、連帯とは、その内部の矛盾を認め、それらの矛盾とともにありながらそのまま行動を起こす必要があるのではないか。おそらくまた、対話的な理解につきまとうのは、相違や亀裂、分裂、そして断片化を、しばしば曲がりくねった民主化のプロセスの一部として受け入れることではないのか。(p.20=42)

第 6 章

「クィア理論って何?」

HIV/AIDS 感染者向けの実験薬の配布を要求し"Die In"のパフォーマンスを行うACT UP参加者たち。1988年10月11日、メリーランド州ロックビルにて。
(Photo by Mikki Ansin/Getty Images)

†『ジェンダー・トラブル』はクィア理論の古典？

もし、あなたがクィア理論の話をしていて、相手から「クィア理論って何？」と訊かれたら、どうだろう？　この本を読む読者のなかには、そう尋ねられてガッカリする人もいるかもしれない。ところで、その相手が他ならぬバトラー当人だとしたら、どうだろう？「クィア理論って何？」とバトラーが真顔で訊いているのである。「お前が言うんかーいっ」とずっこけるか、驚愕のあまり固まってしまうか、そのいずれかではないだろうか。

ところで、これは実話なのである。私はこのエピソードが好きだ。

それはバトラーが『ジェンダー・トラブル』を出版してすぐの頃のエピソードだ。バトラーはあるインタビューで、そのエピソードについて次のように述べている。

そういえば夕食会で隣に座った男性から、クィア理論をやっていると自己紹介されたとき、「クィア理論って何？」と尋ねてしまったのですよ。彼はまるで私の気が狂ったのではないかというような顔をしました。私がクィア理論と呼ばれているものの一翼を担っていると思いこんでいたのですね。（Butler, 1994, p.32）

このエピソードはバトラー当人が言うから可笑しくて、そして不思議なエピソードである。バトラー本人に「クィア理論って何?」と尋ねられたら、そりゃあ、この男性のように面食らうだろう。しかし、よくよく冷静に考えてみると、実はこのエピソードにはなんの不思議なところもないのである。

奇しくも、「クィア理論(queer theory)」という言葉は『ジェンダー・トラブル』が出版されたのと同年の一九九〇年にテレサ・ド・ラウレティスがはじめて用いた言葉である。したがって、当然、バトラーは『ジェンダー・トラブル』執筆時、「クィア理論」を知っているわけがないことになるし、それゆえまた当然、「クィア理論」なるものを書こうと意図して『ジェンダー・トラブル』を書いたわけでもなかったことになる。むしろ、前章で確認したように、それは「フェミニズムの内部で」書かれたもので、読者としてはとくにフェミニストを想定していたのだった。とはいえ、バトラーはもちろん、『ジェンダー・トラブル』出版後にラウレティスの「クィア理論」という言葉を知っていた。しかし、その当時、バトラーはそれがせいぜい「彼女の作った造語」であって、ましてや「新たな学問分野」という認識はなかったのである。実際、同じインタビューでバトラーはこう述べている。「けれども当時私が知っていたことと言えば、テレサ・ド・ラウレティスが『ディファレンシズ』という雑誌で「クィア理論」という特集をやったことぐらいでした。

「クィア理論」というのは、彼女が組み合わせた言葉ぐらいにしか考えていなかったのです。私がクィア理論の一翼を担っているなんて、まったく思いもかけないことでした」。(p.32)

しかし、その後のゲイ&レズビアン研究の第二回大会で、バトラーの『ジェンダー・トラブル』が取り上げられることになる。「この本〔『ジェンダー・トラブル』〕を書いていた当時は、ゲイ&レズビアン研究はまだ影も形もありませんでした。本が出たとき、ゲイ&レズビアン研究の第二回年次大会がアメリカで開かれましたが、その折にこの本が予想もしなかった方面で取り上げられました」(p.32)。いわば、バトラーの与り知らぬところで、『ジェンダー・トラブル』は「クィア理論」の「代表作」——そして現在では、「古典」——として事後的に読まれていったのだ。言ってみれば、時代が『ジェンダー・トラブル』をクィア理論の古典にしたのである。

バトラー自身の意図しないところで『ジェンダー・トラブル』は「クィア理論」として読まれていく。しかし、それを単なる偶然として片づけることはできないだろう。むしろ、『ジェンダー・トラブル』が同時代的な要請に応えるところがあったからこそ、そのように受容され、そして「古典」としての地位の確立を促していったのである。そこで、本章では、『ジェンダー・トラブル』が「クィア理論」の「古典」として事後的に、しかしたしかに必然的に、読まれていく、その由縁をみていくことにしよう。

クィアって何?

それでは、「クィア理論」という言葉を、ラウレティスがどのような目的で作り出したのか、というところから考察を進めていきたい。……と思ったんだけど、そもそも「クィアって何?」というところから話さないといけないね(うっかりしてた汗)。

「クィア(queer)」というのはもともとは「変な」とか「奇妙な」とかを意味する形容詞なんだけど、そこから派生して、セクシュアル・マイノリティに対する侮蔑語として用いられるようになった言葉だ。日本語に直訳すれば、「おかま」とか「変態」と訳すことができる。他者をいじめたり、傷つけたり、侮辱するために用いられるから、基本的には他称として用いられる言葉だ。ということは、「クィア・セオリー」とか「クィア・スタディーズ」というのは、直訳すれば、「変態理論」とか「おかま研究」になるだろうか。なかなかインパクトのある〝きつい〟言葉だということがわかると思う。

事実、バトラー自身、あるインタビューでこんなことを言っている。

例として、クィアという言葉を考えましょう。三〇年前(二〇年前、一五年前でさえ)、それは発話行為としてひどく軽蔑的でギョッとさせるものと考えられていました。私はその言葉をひじょうに恐れながら生きてきたことを覚えていますし、私はその言葉に当てはまることを知っていました。いったんその言葉に捕獲されたら私は永遠に汚名を着せられ、そのスティグマは完璧に私を捕らえるだろうと思っていました。一〇年か一二年前、クィアが用語として生まれたとき、ひとは尋ねたでしょう、「何を考えているんだ？　私たちはクィア理論というジャーナルを作るべきだというのか？」と。私は思いました、「ああ、私たちは本当にその言葉を使う必要があるのか？」と。私はまだその呪縛に囚われていました。私はまだ考えていたのです、「私たちはこんな言葉を引き受けないといけないのか？　それはあまりにも中傷的じゃない？　いったい、どうして私たちはそれをくり返す必要があるのか？」と。(Butler, 2010c, p.351 強調原文)

日本語に直訳すれば、このようなバトラーの感覚もよくわかることだろう。「クィア」というのは、もともとはひじょうに侮蔑的で差別的な言葉だったんだ。

このように、「クィア」というのは、他者を傷つけるために用いられる言葉だから、その用いられ方は他称になる。「あいつはクィアだ」というふうに。ところが、一九九〇年前後にこの言葉をあえて「自称」する人たちが現れてくる。その代表的な存在が「クィア・ネーション」という一九九〇年に発足した運動団体だ。この人たちのスローガンはいまでも有名で、「クィア」という言葉の〝発祥〟としてしばしば言及されるものだ。それが、"We're here, we're queer, get used to it!" である。直訳すると、「私たちはここにいる、私たちはクィアだ、それに慣れろ!」になるかな。

このようなクィア・ムーブメントは、もともと差別語として用いられ、それによって蔑まれてきた「クィア」という言葉を、むしろ進んで自称し、「クィアで何が悪い?」と社会に対して面と向かって開き直り、その異性愛規範やジェンダー規範に反抗するための言葉として流用したんだ。また、「クィア」というのはもともと侮蔑語だから、それが指す対象も漠然としているところがあり、その結果、「クィア」は多種多様なセクシュアル・マイノリティたちの連帯を指す言葉として肯定的に転用されることにもなった。このように、「クィア」という言葉は、ジェンダー規範や異性愛規範などを批判的に問い直し、多様なセクシュアル・マイノリティの連帯を志向する言葉として鋳直されたんだ。

このような「クィア」という言葉の再流用や価値転換はまさに、バトラーが『ジェンダー・トラブル』で提示した戦略と重なることが分かってもらえるかと思う。すでに第二章や第四章でみたように、ブッチ/フェムのような「ジェンダー・パロディ」の実践にバトラーが見出したのは、異性愛規範などの社会的規範を「流用」し、「再配備」し、「価値転換」するような撹乱を通してジェンダー規範を非自然化する可能性だった。そして第四章や第五章でもみたように、たとえば「女（たち）」といった既存のアイデンティティ・カテゴリーが「再意味化」に開かれたものであることを理論化したのだった。この点において、バトラーの『ジェンダー・トラブル』とクィア・ポリティクスはまさに共振しているんだ。

さて、では、このような「クィア・ポリティクス」はどのようにして生まれたのだろうか？　以下ではその点についてみていくことにしよう（ので、「クィア理論」についてはしばらく待ってね）。

†エイズ危機とエイズ・アクティヴィズム

バトラーの『ジェンダー・トラブル』が出版され、ラウレティスが「クィア理論」という言葉を提示したのが同じく一九九〇年。そして、この一九九〇年前後に、クィア・ポリティクスが加熱化していくことになる。つまり、アクティヴィズムとアカデミズム、その双方において、「クィア」が前景化していったんだ。そこに、直接的ではないにせよ、両者の同時代的な相互関係や交錯があったことは間違いないだろう。バトラーの『ジェンダー・トラブル』が「クィア理論」として読み直されていく、その背景を考える上でも、やはり、その当時の社会的、政治的背景、そしてアクティヴィズムの影響をみていく必要がある。

それではバトラーが『ジェンダー・トラブル』を執筆していた時期でもある、アメリカ合衆国の八〇年代の状況から振り返ろう。

八〇年代はアメリカ合衆国にエイズ危機が直撃し、ホモフォビア（同性愛嫌悪）が激化した時代だ。一九八一年にアメリカで最初に報告された患者がゲイ男性であり、そして同様の症状が若いゲイ男性にみられるようになったことが発見されると、初期には「GRID（Gay-Related Immune Deficiency――ゲイ関連免疫不全）」と呼ばれるなど「ゲイに特有の病気」という認識が広まっていくことになった。もちろん、ウイルスは人を選んで差別したりするようなものではないけど、ゲイ・コミュニティをHIV／AIDSが直撃したことによって「エイズ＝ゲイ」とみなされ、そして、ホモフォビアはより激しさを増し、強化されることになった。当時のレーガン政権はそのような事態に直面しながら、エイズ危機に対応するための医療費を削減したほどだった。コロナ禍であれだけ治療薬やワクチンの製造に各国が必死だったことと比較すれば、それがいかに〝異常な〟ことか、よくわかるだろう。エイズ危機においては、「ゲイの病気だから」、「ゲイの自業自得だから」という具合に見殺しにされていったのであり、もちろん、その背景には強烈なホモフォビアがあった。

八〇年代は決定的な治療法が存在しなかった時代だ。そのようなエイズ危機に直面し、しかも国からの支援や援助も期待できない。当然、当事者たちは危機感を募らせることになる。恋人が、仲間が、友だちが、家族が、死の危機に直面しながら、それにもかかわらず、むしろ、HIV/AIDSに罹患することが「恥」だとさえ考えられ、実際にエイズで亡くなった人の墓さえ作られないという事態さえ起こる。そのような状況のなかで生まれたのがエイズ・アクティヴィズムで、もっとも有名なのが一九八七年に発足された「ACT UP」という団体だった。

†エイズ・アクティヴィズムからクィア・ポリティクスへ

ここでは、「クィア・ポリティクス」がどのように生まれたのかを知るために、ACT UPがどのような運動団体だったのかをみていきたい。では、ACT UPはどのような活動を行ったのだろうか。新ヶ江章友は次のように端的にまとめている（後にも紹介するように、新ヶ江さんはクィア・スタディーズの入門書を書いていて、とても良い本なのでオススメしたい）。

ACT UPの目的は明確であった。まず、治療薬の研究を促進させそれがすべてのエイズ患者に届けられるようにすること、そしてエイズ患者をこれ以上増やさないために予防教育を徹底させることの二点である。（新ヶ江、二〇二〇年、二〇二頁）

このように、ACT UPは、政府や製薬会社に対して抗議活動を行い、また、コミュニティのなかではセイファー・セックス（safer sex）という予防法の普及に努めたのだった（ちなみに、現在だって、日本の学校で同性間の性行為に関する性教育がない現状を考えてみてほしいな。ACT UPはコミュニティのなかで「より安全なセックス」の方法を普及させていったんだ）。

ところで、このようなエイズ・アクティヴィズムのなかで、それまで主流だった運動形態、つまり「アイデンティティ・ポリティクス」の限界にも直面することになった。フェミニズムはもちろん、黒人解放運動や同性愛者解放運動も、アイデンティティ・ポリティクスだ。つまり、アイデンティティを同じくする人が集まり、運動を組織し、活動する、それがアイデンティティ・ポリティクスだ。

ところが、だ。エイズ・アクティヴィズムには多様な人たちが活動に参与することになる。当然だろう。HIV／AIDSに罹患するのはゲイ男性が多かったにしても、彼らだけというわけではないし、アクティヴィズムに参与するのも当然ゲイ男性だけではない。「ひとつのアイデンティティ」という枠では収まり切らない人たちが運動に参与する／せざるをえない状況が生まれたことになる。そのときすでに、「クィア・ポリティクス」が生まれる素地があったんだ。日本においてのクィア・スタディーズの第一人者のひとりである河口和也も述べているように、エイズ危機の経験からクィア・ポリティクスが生まれた背景には、「エイズ患者・感染者、さらには多様なマイノリティ集団やそうした人びとと関係するヘルス・ワーカー、親や兄弟、友人などを包摂するような形での連帯の政治が模索されたこと」（河口、二〇〇三年、六一―六二頁）がある（ここで言及した河口さんの本は電子書籍化しているみたいだけど、本としてもぜひ再販されてほしいなあ）。

実際、ACT UPのなかでも次第に「クィア」という言葉が使われるようになっていったようだ。新ヶ江は次のように述べている。

ACT UPの運動は、「ゲイ」という主体のみならず、他の主体形成も促すことになる。例えば、「女性」である。エイズ流行の当初から、実は多くのレズビアンたちもエイズ危機に直面して運動に参加していた。〔……〕同様に、アフリカ系、ヒスパニック系、カリブ系アメリカ人でかつゲイやレズビアンであるもの、貧困層のものなど、多様な背景をもつものたちをエイズ対策に含めるよう、ACT UPは政府や行政に要求した。このような多様なアイデンティティを持つ人々の連帯の表現として「クィア」が最もぴったりだということで、ACT UPの中でも積極的に使われ始めるようになる。（新ヶ江、二〇二〇年、二〇四頁）

このように、ACT UPは運動を進めていくにつれ、その運動内部の人たちの様々な差異に気がついていった。白人ゲイ男性だけでなく、レズビアンをはじめとした女性、貧困層の人たち、アフリカ系、ヒスパニック系、カリブ系アメリカ人でかつゲイやレズビアンである人たち……そういった人たちのあいだにある差異に直面し、それを真剣に考えるようになっていった。そのような活動のなかで「クィア」という言葉も使われ始めたんだ。そして実際、先に紹介したクィア・ネーションはこのACT UPから派生する形で発足された運動団体だったんだ。

†「とりあえずの連帯」

このように、クィア・ポリティクスはそれまでのアイデンティティ・ポリティクスとは一線を画するものだった。それは「ひとつのアイデンティティ」の下に集うものではなく、多種多様な人たちが互いの差異を考えながら、共に活動するものだった。そして、バトラーが『ジェンダー・トラブル』で提示した運動論はまさにそのような趨勢と重なるものだった。

バトラーの運動論はもちろん、前章で確認したように、フェミニズムを念頭に置いて展開されたものだ。それでも、その議論はクィア・ポリティクスと大いに共振するものだった。

やや復習的な感じになるけど、バトラーが『ジェンダー・トラブル』で当時のフェミニズムに批判的に介入したのは、ジェンダーは「言説的に構築されたアイデンティティにおける人種や階級、民族、セクシュアリティ、地域の様態」と切り離せないのに「「ジェンダー」だけを分離する」傾向があったからだし、そして、そこで「ジェンダー」として理解されているものは、ブッチ／フェムをはじめとした「多様なジェンダー」を許さないような、ひじょうに硬直したもので、それは異性愛規範を背景にしていたものだったからだった。

一口に「女たち」といっても、その内実は多様だ。だから、その「私たち」というフェミニズムの集まりのなかで、そのアイデンティティや運動の目的を「ひとつ」に決めてしまうのは危険なことだ。そんなことをすれば、「女たち」のなかで、その言葉から零れ落ち、周縁化され、表象されない人たちが生まれることになる。だからこそ、バトラーは「前もって連帯の「統一」を目標として主張すること」(Butler, 2010a=2006, p.20=42) を批判する。そのような「統一の先物買い」には、「団結こそ、その代償がなんであれ、政治的活動の必要条件である」という前提がある (p.20=42)。しかし、「「統一」はアイデンティティの水準で団結という排他的な規範を打ち立ててしまう」(p.21=43)。

したがって、バトラーはむしろ、「アイデンティティは前提ではないこと」、そして、「連帯の集まりの形態や意味はその達成に先立っては知りえないこと」を肯定し (p.21=43)、そのような運動形態にこそ可能性を見出そうとする。たとえば、バトラーは次のように述べている。

「女」というカテゴリーの中身をまえもって定めないような連帯の政治をうちたてる試みも、いくつかなされてきた。とりあえずの連帯 (emergent coalition) という枠組みのなかでは、今までの方策とは異なって、さまざまな立場の女が各々のアイデンティティを表明しうる対話的な出会いの場がもたらされる。たしかにこの種の連帯の形態、すなわち、さまざまな立場がとりあえず、予測なく集合している形態は、まさに

その形態ゆえに、それがどういうものかをまえもって思い描くことは不可能である。(p.20=41)

ここで、バトラーはもちろん、フェミニズムの運動について書いているわけだけど、このような運動のあり方は、たとえばACT UPのような運動形態に重なるものだ。実際、新ヶ江が『クィア・アクティビズム――はじめて学ぶ〈クィア・スタディーズ〉のために』で説明しているように(さっき言ってた本ね)、ACT UPにはいわゆる中心的なリーダーのような存在はいなかったし、それは「まさに怒りから自然発生的に生まれた無党派の草の根活動家集団」で、「いくつもの小さなグループに分かれ、それぞれの関心に沿った運動が展開」された(新ヶ江、二〇二二年、一五三頁)。それはたとえば、「ニューヨークのどこかで行われる抗議活動に、賛同すれば参加し、終われば解散」するというような形態だった(同一五四頁)。それはバトラーの言葉を借りれば、まさに「とりあえずの連帯(emergent coalition)」である。「とりあえず」と日本語で訳すと、なんだか〝軽い〟感じがするかもだけど、〝emergent〟という言葉からはむしろ、「緊急事態だからとりあえず集まって訴えよう」という切迫感があると思う。

そしてまた重要なことに、「ACT UPを通して互いが互いの命を支え合っているという切迫感があった」ことで「単なる抗議行動を行う集団ではなく、これまで孤独だった人たちが集まり人間関係が築かれた場でもあった」と新ケ江は指摘している（同一五四頁）。まさに、バトラーの言葉を借りれば、様々な立場の人たちがとりあえず集まることで「アイデンティティを表明しうる対話的な出会いの場がもたらされ」たのだった。

インターセクショナルな視点をもった、あらかじめ「統一」の「先物買い」をしないような「予測なく集合している形態」――そのような運動の形態はまさに、バトラーの『ジェンダー・トラブル』とクィア・ポリティクスとが同時代的に共振した点だったんだ。

†パフォーマンスの政治

クィア・ポリティクスの話はまだつづく。ACT UPとクィア・ネーションの戦略には、ここまで論じてきた点とは別に、それまでの運動とは一線を画するところがあったんだ。それは、人々の視覚に訴えかけるような目を引くパフォーマンスや直接行動を積極的に行った点である。

有名なところを取り上げよう。たとえば、ACT UPの「ダイ・イン」。ダイ・インとは「死んだふり」のことで、道路などの人目につく場所で倒れ込み、死んだふりをする抗議活動である。エイズによって死んでいく人を模倣し、その存在を可視化させることで、エイズ対策を行わない政府を批判するための非暴力的直接行動だった（第六章扉）。その背景には、「沈黙」していれば見殺しにされてしまうという切迫感があった。「沈黙＝死（Silence=Death）」はACT UPの有名なスローガンである。

あるいは、クィア・ネーションの「キス・イン」。キス・インとは、路上に集まって同性同士が一斉にキスをするパフォーマンスである。クィア・ネーションは他にも様々な活動を行ったが、共通しているのは、路上をはじめ、同性愛者がいないことにされている「異性愛化」された公共スペースで「クィアな」存在を可視化させ、社会のなかにある異性愛規範やジェンダー規範に異議を申し立てるための活動だった。

いまでは珍しいものではないパレードというデモのあり方もそうだけど、こういった目を引く活動を積極的に取り入れたのがクィア・ポリティクスの特徴だった。つまり、「演劇的なパフォーマンス」が積極的になされたんだ。それは、セクシュアル・マイノリティが「黙殺」されている状況のなかで「私たちはここにいる！（We're here!）」と自らの存在を可視化させるための戦略だった。

このようなアクティヴィズムの趨勢とも、バトラーの『ジェンダー・トラブル』は共鳴するところがあった。実際、バトラーのジェンダー・パフォーマティヴィティの理論、そしてバトラーが取り上げたドラァグなど、『ジェンダー・トラブル』という本は良くも悪くも「パフォーマンス」に関する記述が目を引く。

良くも悪くも、というのは、もう何度も言った気もするけど、『ジェンダー・トラブル』における「パフォーマンス」の側面が誤解や曲解を生むものでもあったからだ。すでにこの点については批判的に確認しておいたけど、「ジェンダーはパフォーマティヴなものだ」という議論は「ジェンダーは自由に選べるものだ」という誤った解釈を生む原因にもなった。『問題＝物質となる身体』(1993)では、「『ジェンダー・トラブル』の出版はちょうど、「服が女性を作る」と主張する多くの出版物と時期が重なってはいたが、私自身は一度も、ジェンダーが服のようなものだと、あるいは服が女性を作ると考えたことはない」(Butler, 2011=2021, p.176=316) とバトラー自身否定しているし、以降のバトラーは「パフォーマンス」という概念に対して消極的ないし否定的になる。

だが他方で、先に引用した箇所は次のようにもつづけられている。

> しかしながら、これらの状況に加えて、当時勃興してきたクィア・ムーブメントの政治的必要性が存在し、そこでは演劇的行為性(theatrical agency)を公に活用することが極めて中心的になっていたのだ。(p.176)

後に「パフォーマンス」という概念に消極的・否定的になるとはいえ、それでも、『ジェンダー・トラブル』を同時代的に読むなら、やはり「パフォーマンス」という点を無視することはできないだろう。

ここで、同時代的に、というのを強調するのは、このような演劇的パフォーマンスという見世物的な活動は近年、資本主義経済のなかで商業化し、取り込まれてしまっているのではないかという批判が現在のクィア理論では問題にされているからなんだ。ちなみに、バトラーも一九九九年に寄せた『ジェンダー・トラブル』の序文のなかで、このような傾向を警戒している。「私は撹乱的なものを非撹乱的なものから区別するものに関する判断基準を与えることには興味がない。そのような判断は文脈から作り上げることはできないと信じているだけでなく、そのような判断が時間の流れのなかで担保されるようには作り上げられることはできない（「文脈」とはそれ自身、時間的な変化を被り、本質的な不統一をさらすような統一体として位置づけられる）。ちょうど、比喩が時とともに概念へと固定していくにつれてその比喩性を失うのと同じように、撹乱的なパフォーマンスはつねに、その反復によって生気のないクリシェになるリスクを負うのであり、もっとも重大なことに、商品文化のなかでその反復を行うことによって「撹乱」が市場価値をもたらすものになってしまうリスクを負っている」(Butler, 2010a, pp.xxii–xxiii)。

しかし、また同時に、ここで同時代的にというのを強調するのは、すでに先の引用文のなかでバトラー自身が述べていたように、バトラーの「パフォーマティヴィティ」をはじめとした理論が当時のクィア・ポリティクスの「演技的行為性」と共振するところがあったからだ。バトラーの『ジェンダー・トラブル』と当時のクィア・ポリティクスというアクティヴィズムのあいだには明らかに同時代性があるんだ。それを無視することはできないだろう。先にもバトラーが述べていたように、「演劇的行為性を公に活用することが極めて中心的になっていた」「当時勃興してきたクィア・ムーブメントの政治的必要性が存在し」ていたのであり、ある意味では、結果として、バトラーの理論はそれを後押しするものだったと言える。

事実、バトラーはクィア・ポリティクスにおける「演劇／パフォーマンス」に関して次のように述べている。

> 私が思うに、同時代のクィア・ポリティクスの内部で演劇的なものを政治的なものに対立させることは不可能である。「ダイ・イン」の実践における誇張された死の「パフォーマンス」、そして、クィア・アクティヴィズムが公共空間と私的空間のあいだのクローゼット的区別を混乱させる際に行われた演劇的な「アウトすること」は、

公的領域の全体に渡って政治化の場やエイズへの意識を増殖させてきた。実際、演劇性の政治化が増加していくことがクィアたちにとって重大であることは一連の重要な歴史として語られるかもしれない（そのほうが、この二つ〔演劇的なものと政治的なもの〕をクィア性において両極にある反対物であると主張するよりも生産的であると私は思う）。（Butler, 2011=2021, pp.177-178=318-319 強調原文）

バトラーも述べているように、クィア・ポリティクスの歴史を考えれば、そこから「演劇」や「パフォーマンス」の要素は切り離しがたい。すでに言及したACT UPのダイ・インやクィア・ネーションのキス・イン、それにブッチ／フェムといったレズビアンのあり方やドラァグ・パフォーマンスといったゲイ・カルチャー……、「演劇的なもの」と「政治的なもの」をクィアの歴史において切り離すことは難しい。それよりも、「演劇性の政治化」をクィアの「重要な歴史」のひとつの局面として考えるほうが生産的だ。

そして、バトラーの『ジェンダー・トラブル』はそのような「演劇性の政治化」の潮流のなかでも読まれていったんだ。

さて、ここまでが長くなったけど、いよいよ「クィア理論」についてみていこう（やっとか）。一九九〇年にテレサ・ド・ラウレティスが「クィア理論」という言葉で学会を主催した。そして、「クィア理論（Queer Theory）」と題された彼女の論文が『ディファレンシズ』の特集として出版されたのが一九九一年だ。まさに、バトラーが『ジェンダー・トラブル』を出版したのと同じ頃だ。

さて、そのラウレティス自身はどのような思いを込めて「クィア理論」なる言葉を創造したのだろうか？　彼女は次のように述べている。

すなわち私たちのあいだに存在する「様々な差異」は、それらがどんなものにせよ、「レズビアンとゲイ」という政治的に正しい言語を使う言説によって、表現されているというよりはむしろ、その文脈の大部分において排除されているからだ。言い換えれば、そこでは差異は示唆されてはいるが、「と」という接続詞によって、いずれ自明なこととなり、あるいは隠蔽さえされてしまうということだ。（ローレティス、一九九六年、六九頁）

ラウレティスはこの用語を導入した背景に、「ゲイとレズビアン」が「ひとかたまりのものの」として理解されていた傾向があったことを指摘しているんだ。当時、ACT UP のように、多様なセクシュアル・マイノリティが集まる運動が醸成されていたのはすでにみた通り。その際、「ゲイとレズビアン」あるいは「レズビアンとゲイ」といったふうに、スローガンの上では、その「連帯」が打ち出されていた。

ラウレティスは、でも、「レズビアンとゲイ」という「政治的に正しい言語」が使われながらも、その内部では様々なマイノリティ間の「差異」について十分に語り合われておらず、むしろ、「レズビアンとゲイ」という「政治的に正しい言語」において示唆されている「と」いう接続詞によって「様々な差異」が「隠蔽」されているのではないかと危機感を募らせていたんだ。

「私たちのあいだに存在する「様々な差異」」としてラウレティスが考えていたものは、同じ同性愛者でもそのあいだにあるジェンダーという差異や人種的差異などのことであった。したがって、これらの「様々な差異」を考えるために、ラウレティスは「クィア理論」という言葉を導入したのであり、それは「連帯をする前に、それぞれお互いが何であり、いやそれぞれ複数のアイデンティティとは何であるかについて考える」（ラウレティス、一九九八年、七二頁）ためだったんだ。

実際、一九九六年に行われたインタビューで、ラウレティスは次のように述べている。

九〇年に私は「クィア・セオリー」という学会を主催しましたが、その当時、アメリカでは「ゲイとレズビアン（gay and lesbian）」という表現が使われ、当時のアメリカではひとつの塊であるように、またはゲイのセクシュアリティとレズビアンのセクシュアリティとの間には差異がないかのように一般化されていました。私はそれを問題化したかったのです。学会ではそのような差異について話す機会をもちたいと思っていました〔……〕そして、そのときには人種という問題もいれながらということでした。というのもアメリカではその問題はきわめて大きなものであったからです。私にとっては、人種とセクシュアリティの関係について話すのが重要でしたし、さらにジェンダーも含めて話したかったのです。（ラウレティス、一九九八年、六八頁）

興味深いことに、彼女自身、このような視点を「フェミニズムや、黒人の女性と白人の女性から教わった」（同七二頁）と述べている。おそらく、推測になるが、前章でみたようなインターセクショナルなフェミニズムの影響を、バトラーと同様ラウレティスも受けたのではないだろうか。

ところで、意外かもしれないけど、この一九九六年に行われたインタビューでは、ラウレティス自身は自らが作り出した「クィア理論」に懐疑的になっていて、こう述べている。

しかし、最近はクイアという一つの言葉がアイデンティティになってしまっています。「クイア」という言葉を使って、ゲイ、レズビアン、バイセクシュアルなど規範的でない、異性愛規範でないものを全てクイアと呼ぶことになってしまっています。ですから私はもうその言葉を使ってはいません。というのも、私はその考え方に賛成できないからです。（六八—六九頁）

このように、ラウレティス自身は「クィア」という言葉に後年懐疑的になる。読者のなかには、「なんで?」と感じる人もいるかもしれない。でも、彼女がもともと「クィア理論」という言葉に賭けたものと、そして、その後「クィア」という言葉に懐疑的になった理由とのあいだには明白に一貫性があるんだ。

というのは、すでに確認したように、ラウレティス自身が「クィア理論」という用語を作り出したのは「私たちのあいだに存在する「様々な差異」を考えるためだった。しかし、インタビュー時には、「クィア」は「規範的でない、異性愛規範でないものをすべてクイアと呼ぶ」ようなものになっており、これはラウレティス自身にとっては、「私たちのあいだに存在する「様々な差異」を考えるためというよりは、「規範的でない、異性愛規範でないもの」を一括りにする「アイデンティティ」のようなものになっているようにみえたからなんだ。だから、ラウレティス自身の姿勢そのものは（たとえ「クィア」という言葉に対して懐疑的になったにせよ）一貫していることがわかるよね。

いずれにせよ、ラウレティスが考えようとしたのは、「私たちのあいだに存在する「様々な差異」」であり、それぞれの差異について互いに真剣に考え、それによってはじめて「連帯」が可能になる、ということだ。そして前章を読んだ皆さんなら、このようなラウレティスの考え方はバトラーの考えとひじょうに近いことがわかってもらえると思う。フェミニズムの文脈ではあるが、バトラーが『ジェンダー・トラブル』で考えていたのもまさにこの「私たちのあいだに存在する「様々な差異」」であり、「私たち」が連帯するために互いの差異を認め、対話するようなインターセクショナルな視点をもたないといけないということだった。まさにラウレティスが「クィア理論」という言葉に賭けたインターセクショナリティへの志向はバトラーの『ジェンダー・トラブル』と共振しているんだ。この点でも、バトラーの『ジェンダー・トラブル』はかなり時宜にかなったテクストだったと言えるだろう。

†批判的にクィアしよう

これまで、様々な側面からみてきたことからわかるように、時代が『ジェンダー・トラブル』をクィア理論の古典にしたんだ。そして、そう読まれることになる必然性を、アクティヴィズム、アカデミズム双方における同時代的共振を跡づけることを通してみてきた。それでは、バトラー自身は「クィア」ないし「クィア・ポリティクス」についてどのように考えているのだろう？

一九九三年に出版された『問題＝物質となる身体』の最終章「批判的にクィア」で、バトラーは一種のクィア論を展開しているので、それを最後にみていくことにしよう。

あまりにも当然のことから始めるけど、もちろん、「クィアはアイデンティティ・ポリティクスじゃないから、「クィア」って言えばセーフ！」なわけではない。当然、事態はそんな単純なものじゃあない。「クィア」という言葉の下、その場所、その時期、その社会的・政治的文脈等に応じて、多種多様な人たちがその都度集まるわけで、その集まりのあいだには当然、それぞれに特有の力関係が生まれることになるだろう。実際、バトラーは次のように述べている。

「クィア」という語は広い意味をもつものと意図されながらも、互いに重なり合う一連の分割を強化する仕方で使われている。ある文脈では、その語は、「レズビアン・ゲイ」という語がときに意味するいっそう制度化され改革主義的な政策に抵抗したい若い世代に訴えるものであり、別の文脈では、またときに同じ文脈であるときもあるが、それは、非白人のコミュニティの内部で「クィア」が果たしている――あるいは、果たし損ねている――役割にあまり関心を示してこなかった白人優位の運動を指した。また、ある例では、それはレズビアン・アクティヴィズムを動員したのに対して、別の例では、それは女性と男性の偽りの団結を表象している。実際、この語を批判することによってレズビアン・ゲイ・ポリティクスの内部にフェミニストと反人種主義者の共同を再燃させるかもしれないし、あるいは、そうした構成員たちが互いに根本的に異なっていると想定しないような連帯的協調の新たな可能性を開くのかもしれない。この語は、まさにその語が動員される際の排除を理由としてその語に抵抗する要求に明け渡される限りにおいて、いずれ改訂され、追い払われ、陳腐なものになるだろう。

(Butler, 2011=2021, p.174=313)

このように、「クィア」は様々な文脈で用いられ、その目的も使用方法も、その名の下に集まる「私たち」の構成も様々だ。そして、やはり、「クィア」という名の下に集まる「私たち」とは何なのか、その「私たち」は誰かを排除してはいないか、そう問う必要が出てくるのは必至だ。

「クィア」といっても、それはつねにユートピア的な多様性を意味するわけではない。そして、社会的権力や規範と無縁であるわけでもない。それぞれが「クィア」の名の下に集まる、そのなかにも当然、力関係が生じる。だから、「クィア」といっても、バトラーが『ジェンダー・トラブル』で考えたフェミニズムにおける「私たち／女たち」の問題と無縁なわけではない。だからこそ、バトラーはこう述べるわけだ。

アイデンティティという必然的なエラー（スピヴァクの用語）を動員する必要性はそのアイデンティティという語の民主的な異議とつねに緊張関係にあるだろう。そして、そのアイデンティティは人種差別的で女性嫌悪的な言説体制におけるその配備に反対して働くものである。もし、「クィア」・ポリティクスがこれら他の権力の諸様態とは無関係だという態度をとるなら、それはその民主化の力を失うだろう。（p.174=314）

「私たち」とは誰なのか？「私たち」の名の下に誰が周縁化され、排除されているのか？——クィア・ポリティクスがまさしく「クィア」であるためには、絶えずそう問いつづける必要がある。そして、まさにクィア・ポリティクスに可能性があるとしたら、そのような「民主化の力」にこそあるんだ。

したがって、バトラーは次のように主張するわけなんだ。

もし主体の系譜学的批判が現代の言説上の手段によって形成される構成的、排他的な権力関係に対する問いかけであるならば、それに従って、クィア主体についての批判はクィア・ポリティクスの民主化の継続に欠かせないものであるだろう。アイデンティティ用語が使われるべきであり、「アウトであること」が肯定されるべきであるのと同様に、これらの概念自体が生産する排他的作用は批判されなければならない。〔……〕この意味で、クィア主体の系譜学的批判がクィア・ポリティクスの中心になるのは、それがアクティヴィズムのなかの自己批判的領域を構成している限りにおいて〔……〕である。（pp.172–173=311–312）

ここで紹介した『問題＝物質となる身体』の最終章「批判的にクィア」の原題は“Critically Queer"である。面白いのは、"Critical Queer"ではないということだ。つまり、ここでは"Critically"という副詞が用いられているのである。ということは、だ。このタイトルのなかにある"Queer"は、「名詞」ではなく、「動詞」であるという可能性が浮上する。つまり、「批判的にクィアしよう」とも訳せることになるんだ。

だから、ここまでの話を別の仕方で言い換えれば、「クィア」を「名詞」ではなく「動詞」として捉えようというのがバトラーの提言である、とも言えるかもしれない。名詞として固定し閉じてしまうのではなく、動詞として、絶えず「私たち」を「批判的にクィアし」つづけること。「私たち」の「排他作用」を自己批判的に問いつづけ、「私たち」を民主化させること。「クィア」を「批判的にクィアする」こと。

バトラーにとって「クィア」が重要であるとしたら、このようなクィアの動詞性——絶えず「私たち」を批判的に問う視座——にあるんだ。

†「対話」は難しい、それでも……

前章で論じたフェミニズムにしても、本章で扱ったクィア・ポリティクスにしても、「対話」というのはひじょうに難しいものだ。私たちが生きる社会的世界はその構造からして「対等」にも「平等」にも作られていない。だから、多様な人たちが同じテーブルに集まって、「さあ、対話しましょう！」と言って、実際に「対話」ができるというわけにはいかない。そんな考えはむしろ幻想と言うべきだし、もし実際にそんなことをすれば、むしろ暴力的なことだ。ここでは、前章と本章の総括として「対話の〝難しさ〟」について考えることで、本章を閉じることにしよう。

フェミニズムにしろ、クィア・ポリティクスにしろ、そこには様々な「私たち」が集まる。そして、その「私たち」内部の関係はいつもハッピーで平和なものであるわけではない。むしろ、そこにはつねに多種多様な権力関係が働いている。だからこそ、「対話」というのは難しい。

ある人はその集まりのなかで話しやすいと感じるかもしれないが、他方、別の人は疎外感を抱いているかもしれない。そのような場では、前者は「対話」ができていると感じ、後者は「対話」できていないと感じるだろう。そして、そのような場のなかで、疎外感を覚えている人がその集まりに批判的な声を上げると、前者の立場の人は驚き、ショックを受けるだろう。もしかしたら、場合によっては、その場を「対等に話し合えるフィールド」と勘違いして、「なぜ話さなかったのか？」と責めるように言い立てたり、あるいは、「それならば議論しよう！」と自らの特権性を不問に付したまま「リベラルに」応じてみせる反応を起こすかもしれない。そこで見失われているのは場そのもののなかにある権力関係への批判的な視点であり、その力関係によって自らが享受している特権を批判的に問う視点である。

バトラーも『ジェンダー・トラブル』のなかで、次のように述べている。

「対話」という概念は文化的に特有なもので、歴史的に制限づけられているものであり、そして、一方の話し手は会話が進んでいると安心しているかもしれないが、もう一方の話し手はそうではないと思っているかもしれない。対話の可能性を条件づけ制限する権力関係こそがまず問われる必要があるのだ。さもなければ、対話というモデルは、発話主体が対等な権力位置にいて、「同意」や「統一」を構成しているものがなんであるかについて同じ前提を共有して話していて、実際これらこそが目指すべきゴールだと思い込むリベラル・モデルへと逆戻りする危険がある。(Butler, 2010a=2006, p.20=42)

「対話」は難しい。そして、それはとりわけ、マイノリティ同士になるとなおさらである。傷を抱えた人が別の人の「傷」を聞くと「私のほうが……」と思ったりすることは特段不思議なことではないだろうし、あるいは、「○○問題よりも○○問題のほうが先決だ」と自分が受けた傷の大きさを強調したい衝動に駆られてしまうことも理解できないわけではない感情だ。でも、人の傷に順番をつけたりすることなんて、そもそも、できっこない。そして、人の傷に順番をつけるとき、そのときになされているのは、まさに社会の規範を引用し再生産することなのだ。そんなことをしていては、「私たち」の「対話」は絶対に不可能だ。

私は自分の学部生向けのゼミで「誰もが安心して話せる環境を作りたい」という旨のことを話す。私はそのためにいろいろと工夫をするけれども、しかし、「誰もが一〇〇％安心して話せる」ことは不可能に近い。なぜなら、その教室というひとつの空間をとっても、そこには様々な力関係が働いていて、「誰かは安心を覚えるが、別の人はそうではない」という状況は必ず生まれてしまうからだ。

「対話」は難しい。教室というミクロな空間ひとつをとってさえそうなのだ。対話はもちろん、重要で大切な実践だ。しかし、バトラーも言うように、私たちはまず、「対話の可能性を条件づけ制限する権力関係こそ」を批判的に問わなければならない。でなければ、「対話」はいつまで経っても「対話」ではありえない。もし「対話の可能性を条件づけ制限する権力関係」を不問に付したまま「対話」を〝強要〟するなら、むしろ、それ自体が暴力でありうる。〝真の「対話」〟を実現することはほとんど「不可能」に近いと思われるかもしれない。私もそう思う。でも、「不可能に近いこと」は「対話を諦める理由」にはならない。むしろ、バトラーは——そして、バトラーだけではない多くの人たちもまた——それくらい困難で大切なことに挑戦しているんだ。

†ねえ、気づいてたかな？

さて、いよいよ本書も終盤に差し掛かったわけだけど、いったい、どれくらいの読者がお気づきになっただろうか？――私が本書で一度もバトラーのことを代名詞で呼んでいないことに。

バトラーは最近になって、ノンバイナリーであることを公言した。ノンバイナリーとは、「男女いずれか一方ではないジェンダー・アイデンティティを生きているひと」のことだ。英語圏ではノンバイナリーを指す代名詞として、“they”を単数形として用いる用法があるんだけど、日本ではそれに当たる代名詞はいまのところない。あくまで個人的な印象になるけど、日本のノンバイナリーの当事者間では固有名詞を繰り返し用いてやりとりすることが多いように思う。私はここでその用法に倣って、バトラーのことを繰り返し「バトラー」という固有名詞で呼んでいたわけだ。

九〇年代当時、「ノンバイナリー」という言葉はなかった。当時は、バトラーは「レズビアン」であると公言していた。たとえば、バトラー自身が紹介しているエピソードで次のようなものがある。「昔、バークレイの道で歩いていると、どこかの子どもが窓から乗り出して尋ねました、「あんたはレズビアン？」とかそんなふうに。私はこう返しました。「そう、私はレズビアンだ」と。私は明るく振り向いてそう答えました」（Butler, 2010c, p.352 強調原文）。（ちなみに、それは「かなり衝撃的な瞬間」だったようで、質問してきた子はある種の「ショック」を受け、そのとき、「質問者の権力は失われた」、そんなクィアな瞬間だったようだ。そして、その質問をした子どもは「誰かに勇気を出して聞いてきて、誇らしげにその言葉を受け止めた」ようだ。それはまた、その子が一緒に過ごしてきた「誰か」にとっても「その言葉の脱構築」の経験——つまり、その言葉の「侮蔑」的な意味や用法が解体され、プライドを示す言葉として用いられることを知る経験——になっただろう。（p.352））

バトラーがノンバイナリーであると公言する前、このようなエピソードに触れて、バトラーが「レズビアン」で、それを堂々と公言している人物であるように私の目には映っていた（そして、バトラーがノンバイナリーを公言するまで、私はバトラーを「彼女」という代名詞で呼んでいた）。だけど、ノンバイナリーを公言したインタビュー記事（Gleeson,2021）を読んでからというもの、バトラー自身、これまで「レズビアン」という言葉で、あるいはそれだけで、自分のジェンダーやセクシュアリティを完璧に定義できると考えていたわけではなく、むしろ、バトラーも現在まで（そして現在も？）自身のアイデンティティや名をめぐって大いに揺れていたのではないだろうか、と私の印象は大きく変わった。実際、そのインタビューでは、「私は五〇年間のあいだ、ブッチ、クィア、トランスと様々に同一化してきました」とも述べられていた。

さて、バトラーはそのインタビューでノンバイナリーについてこう述べている。

私の感覚では、私の「ジェンダー・アイデンティティ」は（それがどのようなものであれ）まず、家族によって、また、学校や医療の権威によってもたらされました。私を定義し、私を打ち負かすために使われたその言葉を受け止める術を見出すことには困難が伴いました。

私はそれでもなお、むしろ、代名詞が他者から私に来ること、それを面白いと思っていました。というのも、たくさんの代名詞を私は受け取りましたから。だから、私は、人々が彼／女ら自身の代名詞を決めるときに、あるいは彼／女らが私に対して私が好む代名詞を質問してくるときでさえ、いつも、幾分か驚きを覚えたり、感心したりしていました。そういった質問に対して、私は簡単な答えを持ち合わせていません。ただ、私は"they"の世界を楽しんでいます。私が『ジェンダー・トラブル』を書いたとき、「ノンバイナリー」にあたるどんなカテゴリーもありませんでした。しかし、いまや、私がそのカテゴリーのなかにいることができない理由を、私は知りません。(Gleeson, 2021)

バトラーは『アセンブリ(Notes Toward a Performative Theory of Assembly)』(2015)で次のように述べているんだけど、以上を踏まえて改めて読むと、以下の一節は明らかにバトラー自身の実存も含んだ切実な議論として読むことができるのではないだろうか。

私たちは「それが私の名前なの?(Am I that name?)」と問うことができるし、実際そのように問うている。そして私たちはときに、それが自分の名前なのか、そうでないのか、あるいは、自分たちが生きたいと願う生のより良い名前を見出そうと試みるのか、あるいは、あらゆる名前の隙間で生きようと努めるのか、という点を決定するまでそれを問い続けるのである。(Butler, 2015, p.61)

おそらく、ここに書かれていることは、バトラー自身の生の軌跡、その旅路でもあるのではないだろうか。バトラー自身、自らのアイデンティティあるいは名をめぐってトラブルの渦中にありつづけたのではないか。そして、いまはさしあたり、「ノンバイナリー」というアイデンティティ／名に落ち着いているのだろうか。それとも、まだ問いつづけている、そんな過程のなかにいるんだろうか。事実、バトラーはインタビューの最後を「私の生存はおそらく、私の名前から距離をとって生きる私の能力のおかげなのです」と締めくくっている（Gleeson, 2021）。

なぜ、最後に、このような話をしているのかというと、まさにこのようなバトラー自身の〈ジェンダー・トラブル〉の経験こそが『ジェンダー・トラブル』を魅力的なテクストにしたもっとも大きな理由ではないか、と私には思えるからなんだ。

†たくさんの「源」

もちろん、バトラーの『ジェンダー・トラブル』は理論書であり学術書であって、自伝やエッセイではない。それでも、『ジェンダー・トラブル』を「単なる学術書」として位置づけることもまた、困難である。それは『ジェンダー・トラブル』がアカデミズムも含めた、そして、それ以外のたくさんの「源（source）」から紡がれたものだからだ。

実際、バトラーは『ジェンダー・トラブル』の序文で次のように述べている。

どんなテクストにも、そのテクストそのものの内部で再構築できる以上の源があるように思われる。それらの源は、テクストのまさにその言語を定義づけ、息を吹き込む源であり、そのテクストの言語はそのテクストそのものの緻密な解明を要求するだろうし、そして当然、その解明がいずれ終わるどんな保証も存在しない。〔……〕本書に収められた論文の起源を復元し、本書を可能にした様々な契機を位置づけることは不可能である。本書を構成するテクストは、フェミニズムと、ジェンダーに関するゲイとレズビアンの視点、ポスト構造主義の理論との政治的な交わりを促そうとして集められたものである。(Butler, 2010a=2006, p.xxxiv=13)

これは『ジェンダー・トラブル』の序文のおわりにある言葉だ。ここでバトラーが自ら述べているように、『ジェンダー・トラブル』はたくさんの「源」をもち、それらの「源」からバトラーが紡いだものを結集させたものである。そこには少なくとも、「フェミニズムと、ジェンダーに関するゲイとレズビアンの視点、ポスト構造主義の理論」といった「源」がある。

しかし、自戒も込めて言うなら、バトラーの『ジェンダー・トラブル』はあまりにも「男性哲学者」との関連のなかで語られてはこなかっただろうか——ヘーゲル、デリダ、オースティン、フーコー、フロイト、ラカンなどとの関連において。彼らがバトラーの理論に影響を与えたことは間違いない。しかし、それはたくさんの源のなかのひとつの源であって、唯一のものではない。数ある源の内からのひとつの引用の系譜でしかない。

「引用とは」、とサラ・アーメッドは語っている、「アカデミックなレンガであり、わたしたちはそれらを使って家を建てる」(アーメッド、二〇二二年、二四五頁)。たとえば、「哲学」は明白に、白人の、異性愛者の、シスジェンダーの、健常者の男性たちからの引用＝レンガから成る建造物である。その建造物はある人たちにとっては居心地の良い住処であり、ある人たちにとっては居心地の悪い場所であり、目の前に高く聳え立つ堅牢な壁である。引用——誰を、何を、どのように引用するのか——は決して事実中立的な行為ではない。それは政治的な行為なのだ。

バトラーの『ジェンダー・トラブル』もまた当然、引用の織物である。しかし、それはたくさんの「源」から成る引用の束であって、哲学だけでも、アカデミズムの言説だけでもない引用によって編まれている。『ジェンダー・トラブル』が難解な理論書であるにもかかわらずアカデミズムの外でも読まれ、世界中で多くの読者を獲得したのは、そのためでもあるんじゃないかな。それは、「哲学」が分からなければ読めないというわけでは決してない。たとえ、「哲学」を知らなかったとしても、『ジェンダー・トラブル』は読者になんらかの交感をもたらす。それは、「哲学」だけではない引用の系譜がそこにあるからじゃないかと私は思うわけなんだ。

†『ジェンダー・トラブル』の「フェミニスト的記憶」

ところで、アーメッドはまた、「引用はフェミニストの記憶だ」とも語っている、「引用は先立つ人々——進めと言われた道筋から逸れてしまったために道があやふやになってしまったとき、道を探すのを助けてくれた人々——に対して、わたしたちが負っている借りを認識する方法なのだ」、と(同三〇頁)。バトラーの『ジェンダー・トラブル』を読み、研究していると、その言葉の意味がよくわかる。

まさに本書で力を入れて描き出そうと努めてきたことのひとつは、『ジェンダー・トラブル』の「フェミニスト的記憶」である。本書では、エスター・ニュートン、シモーヌ・ド・ボーヴォワール、モニク・ウィティッグ、キンバリー・クレンショー、ベル・フックス、パトリシア・ヒル・コリンズ、チャンドラ・モーハンティ、ガヤトリ・チャクラヴォルティ・スピヴァク、デニス・ライリー、テレサ・ド・ラウレティス……といった人たちを取り上げ、その「系譜」に焦点を当てることで、そのような「フェミニスト的記憶」を浮き彫りにしようとした。もちろん、その試みは完璧に遂行されたわけではなく、ここでは取り上げることが叶わなかったフェミニストたちがいるとしても（それはひとえに私の力量不足だ）。

だから、『ジェンダー・トラブル』のたくさんの「源」からこのような引用の系譜を手繰る作業を、私は「政治的な行為」として理解しているんだ。バトラー自身も述べていたように、『ジェンダー・トラブル』は「ポスト構造主義」に連なるテクストである。そして、「ポスト構造主義」もまた、「男性哲学者」からの引用＝レンガの集積から成る建造物である。しかし、バトラーは「ポスト構造主義の理論」を単に「フェミニズム」の議論に「適用」したり「応用」したりしたわけではない。一九九九年に寄せられた序文でバトラーも述べているように、「私の論点は、ポスト構造主義をフェミニズムに「応用」しようとしているのではなく、それらの理論を特定のフェミニズムの再定式に従わせることだった」(Butler, 2010a, p.ix)。言い換えるなら、「ポスト構造主義の理論」を「フェミニズムの再定式」に従わせ、その建造物に対してトラブルを引き起こそうとしたのである。したがって、『ジェンダー・トラブル』の「フェミニスト的記憶」を手繰ることは、「哲学」に対してバトラーが引き起こしたトラブルを再演させることでもあるんじゃないかなと私は考えているんだ。

†アカデミズムの外で

そしてまた、そのようなトラブルは、「ポスト構造主義の理論」という「哲学」の一潮流のみに対するものであるばかりではなく、アカデミズムそのものに対するものでもある。先ほどバトラーが挙げていた「フェミニズム」や「ジェンダーに関するゲイ／レズビアンの視点」といった「源」のなかにはアカデミズムという壁の外にある言説も含まれる。

実際、バトラーは一九九九年に『ジェンダー・トラブル』に新しく付された序文で次のように述べている。長くなるけど、大切な箇所だと思うので引用したい。

本書を鼓舞してきたアカデミックな伝統や議論のいくつかを列挙してきたが、このような限られた紙幅で弁明することが私の目的ではない。本書が誕生した条件にはひとつの側面があり、そのことは必ずしも理解されていない。それは、本書がアカデミズムからだけではなく、私もその一部として関わっていた多様な人が集まった社会運動から生まれたものであり、本書を執筆する前に一四年間住んだ合衆国東海岸におけるゲイ・レズビアンのコミュニティの文脈のなかから生まれたものだ、ということである。本書で行っていることは主体を脱臼させることであるにもかかわらず、ここには人格を備えたひとがいる。私はたくさんのミーティングやバー、マーチに出向いて、たくさんの種類のジェンダーと出会い、私自身がそれらのうちのいくつかの交差路にいるのだと理解し、その文化的周縁のいくつかでセクシュアリティを経験した。私が知ったのは、性的な承認や自由を求める重要な運動のただなかで自分たちの道を見出そうとしているたくさんの人たちである。そして、その運動がもつ希望と内的軋轢とのなかでそのような運動に私自身携わることで生じる興奮や不満を、私は感じていた。私はアカデミズムの世界に身を落ち着けたと同時に、私はまた、その壁の外側で自らの生を生きていたのである。もちろん『ジェンダー・トラブル』は学術書であるが、しかし、この本は私にとって、横断することで始まったのである——レホーボスビーチで腰掛けながら、私の生の異なった諸側面を繋ぎ合わせることができるのかどうかと思案しながら。私が自伝的な形で書くことができるということは、私であるところのこの主体を再配置したりはしないと私は思うのだが、しかし、おそらく、このことは読者に対して、ここには誰かがいるという安堵の感覚を与えるだろう（その誰かが言語のなかで与えられるというこの問題に関しては、いまはさしあたり宙づりにしておこう）。（Butler, 2010a, p.xvii）

バトラーの『ジェンダー・トラブル』にはアカデミズムの外にもその「源」をもつ。それは数々の社会運動やレズビアン／ゲイのコミュニティといった「源」をもつ。そして、そのような「文化的周縁」を生きてきた一人として、バトラーという「人格を備えたひとがいる」。

しかし、そのような「源」をテクストから完全に辿ることは不可能だろう。それでも、その「痕跡」をテクストから僅かではあれ拾い上げることはできるかもしれない。私が本書で、ドラァグやブッチ／フェムに関するバトラーの議論をしばしば取り上げてきたのはそのためである。たとえば、第二章でも取り上げた「あるひとりのレズビアンのフェム」の語りのように、『ジェンダー・トラブル』のなかには確実に、アカデミズムの外における「ジェンダーに関するゲイ／レズビアンの視点」や「文化的周縁のいくつかにあるセクシュアリティ」の語りが存在する。

『ジェンダー・トラブル』とは、そのようなアカデミズムの外にある、周縁的なジェンダーやセクシュアリティを生きる人たちの言葉を引用する試みでもあったのであり、それによって既存の学問的議論に挑戦するものでもあったんだ。

†「可能性を開く」こと

そしてまさに、そのような周縁的なジェンダーやセクシュアリティを生きる人たちの生が社会的に承認される、その可能性を開くことこそが『ジェンダー・トラブル』の目的だった。『ジェンダー・トラブル』はその難解さや「悪文」で有名だが、バトラーは決して「言葉遊び」がしたかったわけではない。バトラー自身が一九九九年版の序文で述べているように、

このような〔ジェンダーの〕非自然化について書いたのは、単に言語と戯れたいという欲望からなされたのではないし、「現実の」政治の場で演劇的な悪ふざけを促したいという欲望からなされたのでもない——一部の批評家がそう評したように（まるで、演劇と政治がつねにきっぱりと分けられるものであるかのように）。それは、生きたいという欲望から、生を可能にしたいという欲望から、可能なものそれ自体を再考したいという欲望からなされたのである。（Butler, 2010a, p.xxi）

バトラーは「こうしたらいい」というような処方箋を提示したわけではない。「しかし

ながら、私が示唆したいのは、大したことではないのだが、このテクストの肯定的な規範的なビジョンは処方箋の形をとらないし、とることはできない、ということである――あたかも「私が言うような仕方でジェンダーを攪乱しなさい、すると生は良くなるだろう」といったふうな」(p.xxii)。

それでも、『ジェンダー・トラブル』はたしかに「可能性」を考え、開こうとするものだった。同じ序文でバトラーはこうも述べていた。第四章でも引用したが、再び引用しよう。

本書〔『ジェンダー・トラブル』〕の目的は、どんな可能性が実現されるべきかを指示することなく、ジェンダーの可能性の領域を開くことだった。「可能性を開くこと」がいったい何の役に立つというのかと疑問に思う人もいるかもしれないが、社会的世界のなかで「不可能な」もの、意味不明なもの、実現不可能なもの、非現実的なもの、おかしなものとみなされながら生きるということがどんなことであるかを理解している人のなかにはそのような疑問を投げかける人はいないにちがいない。(p.viii)

また同様に、バトラーは『ジェンダーをほどく(Undoing Gender)』(2004)で『ジェンダー・トラブル』を振り返りながら、一部の人たちから「ジェンダーの可能性を増やすことに何の意味があるのか」と問われ、次のように答えたと述べている。「可能性は贅沢品ではない。それはパンと同じくらい決定的なものだ。生存が差し迫ったものである人たちにとって可能性について考えることが何をもたらすのか、私たちは過小評価すべきではないと私は思う」(Butler, 2004, p.29)、と。

「可能性について考えること」は「夢想すること」ではないし、「机上の空論」でもない。「社会的世界のなかで「不可能な」もの、意味不明なもの、実現不可能なもの、非現実的なもの、おかしなものとみなされながら生きる」人たちにとって、「可能性」は「パン」と同じくらい決定的に重要なものだ。『ジェンダー・トラブル』は、「生きたいという欲望から、生を可能にしたいという欲望から、可能なものそれ自体を再考したいという欲望から」書かれたんだ。

†「非現実化」に抗して

『ジェンダー・トラブル』以降のバトラーの著作には、ジェンダー/セクシュアリティをめぐるものではないものも数多く含まれる。とくに二〇〇〇年代以降においてはその傾向は顕著で、それをもって、バトラーの思想に一種の「転回」をみる研究者もいる。しかし、私自身はバトラーの思考は驚くほど「一貫している」(このような表現で形容するのが適切だとは思えないんだけどね)と感じている。

実際、バトラーは一九九九年に『ジェンダー・トラブル』に付された序文で次のように述べている。

もっとも私の関心でありつづけているのは次のような問いである。何が理解可能な生を構成し、しないのか。そして、規範的なジェンダーやセクシュアリティについての前提がいかにして、「人間」や「生存可能な」ものを資格づけるものを前もって決めるのか。言い換えれば、規範的なジェンダーという仮説はいかにして、私たちが人間なるものに対してもつ記述の場そのものを境界づけるよう働くのか。このような境界を定める権力を私たちが知る手段とはどのようなものか。そして、私たちがそのような権力を変換する手段とはどんなものなのか。(Butler, 2010a, p.xxiii)

いわば、バトラーの思想の核にあるのは、「人間なるもの」にカウントされるものとそうでないもの、それらを線引きする権力の働きを問う視座である。戦争や収容所、経済的不安定性、コロナ禍……のなかで「人間なるもの」にカウントされず「見捨てられた生」

がどのような権力の働きによって生み出されるのか、それを問う視座がバトラーの著作には通底しているのだ。

そしてまさに、この観点から言えば、ジェンダー規範とは、どんな人間が「真っ当な人間」としてカウントされ、そして、どんな人間がそこから周縁化され、排除されるか、その「理解可能性」の枠組みを規定するものである。ジェンダー規範とはこの意味で「脅し」であると言ってもいい。それは、「そこから逸脱すれば人間として扱われないぞ」という「脅し」なのだ。だから、バトラーはこう述べている。

> ジェンダー規範（理想的な二形性、身体の異性愛的相補性、適切あるいは不適切な男らしさや女らしさの理念や規則、純血という人種的コードと異人種混交に対するタブーによって保証されている多くのもの）が人間的であるものとそうでないもの、「現実」だとみなされているものとみなされないものを確立する限りにおいて、そのような規範は、身体が正統な表現を与えられる存在論的領域を確立する。もし、『ジェンダー・トラブル』に規範的な課題があったとすれば、それは、誤っているとか、非現実的であるとか、理解不能だとみなされてきた様々な身体にまで正統性を拡張することを主張することである。（Butler, 2010a, p.xxv）

ジェンダー規範とは、「人間的であるものとそうでないもの、「現実」だとみなされているものとみなされないものを確立する」。ここまで引用してきたいくつかの箇所で、バトラーは「非現実化(derealization)」という言葉を用いている。「非現実化」とは、「現実」の領域から締め出されることを意味する。「「現実」だとみなされない」ということは、その存在が現実から抹消され、なかったことにされたり、現実には存在しないような理解不能で奇怪な存在として表象されたりすることだと言える。

実際、『ジェンダーをほどく』でバトラーは「非現実的とみなされること」を次のように説明している。

非現実(unreal)だと言われること、そのように呼ばれること〔……〕は、人間なるものがそれを引き換えに作られるところの者(あるいはモノ)である他者になることである。それは非人間、人以上あるいは人以下のものであり、人間なるものをその表面的な現実において保証している境界線である。コピーと呼ばれること、非現実(unreal)と呼ばれることは人が抑圧される方法のひとつだが、しかし、考えてみてほしい。抑圧されるということは、あなたはなんらかの主体としてすでに存在していること、支配的な主体に対して可視的で抑圧された他者として、少なくとも可能的、潜在的には主体として存在していることを意味している。しかし、非現実であることはそうではない。抑圧されるには、あなたはまず理解可能（intelligible）であらねばならない。あなたが根本的に理解不可能（unintelligible）だということ〔……〕を見出すことは、あなたはまだ人間へのアクセスをもっていないことを見出すこと、あなた自身があたかも人間であるかのようにのみ、そしてつねに語っていること、しかし、あなたはそうじゃないという感覚をもって語っていることを見出すこと、あなたの言語は空虚であり、どんな承認もやってはこない、なぜなら承認が生じるところの規範はあなたのためには存在しないから、ということを見出すことである。（Butler, 2004, p.30 強調原文）

「非現実化」つまり「非現実的とみなされること」は、「人間なるもの」として承認されないことであり、「非人間、人以上あるいは人以下のもの」とみなされることである。それは言い換えれば、「私はあなたの隣に存在する」というたったそれだけの事実さえ承認されないような事態である。

たとえば、比較的最近の出来事であれば、岸田総理の元事務秘書官・荒井勝喜の問題になったセクシュアル・マイノリティへの差別発言「僕だって見るのも嫌だ。隣に住んでいるのもちょっと嫌だ」「人権や価値観は尊重するが、同性婚を認めたら国を捨てる人が出てくる」を考えてみてほしい。彼にとって、LGBTをはじめとしたセクシュアル・マイノリティは「隣」の家にはいままで存在しなかったし（どうしてそんなことがわかるんだろう?）、これまでの彼の人生のなかで、自分で勝手にシスジェンダーの異性愛者と決めつけていただけで、たくさんのセクシュアル・マイノリティを彼は「見て」きたし、出会ってきたし、会話もしてきたのである。しかし、そんな「事実」ないし「現実」は彼にとってはあたかも存在しなかったかのようだ。彼にとって、セクシュアル・マイノリティは「非現実的な」存在であるわけだ。

あるいは、現在苛烈化しているトランス排除的言説を考えてみてほしい。そこでは、トランス女性はあたかも、トランスジェンダーを装った男性の性犯罪者と区別がつかない存在であるかのように語られ、性犯罪者予備軍であるか、そのような存在や暴力を誘引してしまうトラブルメーカーであるかのように語られている。そのようなヘイトを煽る人たちの、まさにその横を、その傍を通り過ぎ、出会ってきたトランスジェンダーもいるのだが、しかし、そのような「事実／現実」は「なかったことにされ」、トランスはまるで「現実」の世界には存在しないような「奇怪な」「非現実的な」存在であるかのように語られている。

つまり、このような言説においては、「私はあなたの隣に存在している」というたったそれだけの「事実／現実」が「抹消」されているのだ。そして、その抹消に抗して、「私はここにいる」と主張する人たちは「あたかも人間であるかのように」語る自身を見出す――つまり、「人間」とはみなされていないという感覚をもちながら語らざるをえない自身を見出さざるをえないのだ。

バトラーの『ジェンダー・トラブル』もまた、そのような「非現実化」の暴力に抗するものだった。先に引いた引用文のなかで、「もし、『ジェンダー・トラブル』に規範的な課題があったとすれば、それは、誤っているとか、非現実的であるとか、理解不能だとみなされてきた様々な身体にまで正統性を拡張することを主張することである」と述べられていたように、現在の社会のなかで「理解不能」とか「意味不明」とみなされている身体が社会的に承認される世界を作り出すこと、それがバトラーがずっとずーっと探求していることだ。

『ジェンダーをほどく』では端的にこう述べられている。

〔『ジェンダー・トラブル』は〕ジェンダー規範から外れ、その規範の混乱において生きている人々が、それでも自分たち自身を、生存可能な生を生きている者としてだけでなく、ある種の承認に値する者としても理解できるような世界を想像する試みだった。(Butler, 2004, p.207)

†〈トラブル〉の共鳴

さて、「クィアな入門書」を称した本書だが、ある意味では「クィアな」入門書らしく、『ジェンダー・トラブル』の冒頭を飾るバトラーの「子ども時代の物語」を最後に取り上げることにしよう。

トラブルがそのような否定的な印象を与えることはおそらく言うまでもないことだろう。私が子どもだった頃を呪縛していた言説の内では、トラブルを起こすことは、そんなことをすれば人をトラブルのなかに陥らせるから決してすべきではないというものだった。反抗すれば叱られるということも同様の構図で捉えていたように思うが、現行の法がトラブルを厄介払いするためにひとをトラブルで脅し、人をトラブルに陥らせさえしていることを知って以来、このような権力の巧妙な策略に私は批判的な目を向けるようになった。したがって、私がそこから得た結論は、トラブルは避けえないものであり、だからやれることは、いかにうまくトラブルを起こすか、いかにうまくトラブルの状態になるかということだった。(Butler, 2010a=2006, p.xxviii=7)

私は本章のはじめで、バトラー自身の〈トラブル〉について語り、そして、『ジェンダー・トラブル』がたくさんの「源」をもつものであることを確認したのだった。その「源」には、「アカデミズムの世界からだけではなく、数々の似通った社会運動――その一部に私も関わっていた――」があり、また、「本書〔『ジェンダー・トラブル』〕を執筆する前に一四年間住んだ合衆国東海岸におけるゲイ・レズビアンのコミュニティの文脈」があった。そしてさらにここで最後に、バトラーというひとりの「人格を備えた人間」の〈トラブル〉の経験という「源」があることを付け加えなければいけないだろう。『ジェンダー・トラブル』のもっとも大きな魅力はおそらく、ここにある。『ジェンダー・トラブル』はたくさんの「源」をもつ。そして、その「源」のひとつに、たしかに、バトラー自身の実存、そのトラブルの経験がある。そのバトラーの〈トラブル〉と読者の〈トラブル〉がどこかで交感し、共鳴する。もちろん、それらの〈トラブル〉は同じものではない。それでもたしかに、バトラーの『ジェンダー・トラブル』は読者の〈トラブル〉になんらかの共鳴をもたらす。これまで幾度となく様々な『ジェンダー・トラブル』の読書会に通ったが、そこで私が何度も目撃してきたのは、参加者が『ジェンダー・トラブル』の言葉に触れて自身の〈トラブル〉を語りだす、そんな光景だった。その語りは、もしかしたら『ジェンダー・トラブル』の「意図」に沿ったものかもしれないし、そうではないかもしれない。ある意味では、その語りが『ジェンダー・トラブル』の「意図」に沿うものであるか否かはどうでもいいことだ。重要なのは、『ジェンダー・トラブル』にはたしかに、読む者の〈トラブル〉に交感し、共鳴をもたらし、語りを引き出すような、そんな力があるということだ。

　バトラー自身のものも含めた様々な〈トラブル〉から編まれた織物である『ジェンダー・トラブル』は、読む者をエンパワメントする力をもっている。『ジェンダー・トラブル』がそのような力をもつのだとすれば、それは次のようなメッセージが通底しているからではないだろうか――トラブルを生きているのはあなただけではないのだ、と。そして、そのトラブルは他の誰かのトラブルと共鳴しながらこの社会的世界を動かす力をもつのだ、と。

あとがき

本来、このような入門書ではブックガイドなるものが付されるのが通例だと思うので、ここでは一冊だけ紹介しようと思う。そこで私がここで紹介したいのが、ジュディス・バトラーの『ジェンダー・トラブル』だっ！！！（ええっ‼笑）

一応、自著『ジュディス・バトラー——生と哲学を賭けた闘い』（以文社）も含めて（まあ、あれは解説本ではないんだけど……）、解説系の本は少ないながら存在するんだけど、私としては、もし本書を読んで（あるいは、読んでなくても）バトラーの思想に関心が湧いたなら、とにもかくにもバトラーの『ジェンダー・トラブル』に挑戦してみてほしい！ってのが正直なところだ。

もちろん、『ジェンダー・トラブル』は難しい。読み通すことさえ難しい。でも、それでもいいじゃないか。わからないところがたくさんあったっていいじゃないか。つまずいたっていいじゃないか。読み飛ばしてもいいじゃないか。誤解や誤読をしたっていいじゃないか。全部理解するなんて、そもそも不可能だ。それは私だってそうだ。

それでも、わからないなりに読み進めても、たしかになにか得るものがある——『ジェンダー・トラブル』はそういう本だ。だから、バトラーの本に触れてほしい。ある意味では、本書を読むよりも、そちらのほうがずっと「入門」になるんじゃないかな、と私は思っているくらいだ。

というわけで、肩肘張らず、ぜひ挑戦してほしい。全部理解しようなんて気負わず、バトラーの本に触れて、なにかを感じてほしい。以上が、私からの「ブックガイド（？）」だ。


この本を書く上で、これまでの授業での経験がものすごく活かされた。学生たちにできるだけわかりやすく理解してもらうためにあれこれ工夫してきて培ったノウハウがあったからこそ、本書を書くことができました。あるいは言い方を換えれば、その過程のなかで、私自身が学生から「教えてもらって」いたんだと思う——これまで出会ってきた学生のみなさん、ありがとうございました！

そして、今回担当してくれた藤岡さんにはとてもお世話になりました。私のかなり自由な書き方にも乗り気で親身に付き合ってくださり、おかげで気兼ねなく書くことができました。本当にありがとうございました。

最初に書いたように、本書は「『ジェンダー・トラブル』の一ファンが書いたファンジン」です。もし本書がきっかけになったりして、ひとりでも「ファン」が増えてくれたらこれ以上嬉しいことはありません。

二〇二四年五月二〇日

藤高和輝

参考文献

本文で引用したバトラーの文献

Butler, Judith, 1992, "Gendering the Body: Beauvoir's Philosophical Contribution", in *Women, Knowledge, and Reality: Explorations in Feminist Philosophy*, edited by Garry, A. and Pearsall, M., New York and London: Routledge, pp. 253-262.

———, with Osborne, P. and Segal, L., 1994, Interview, "Gender as Performance", in *Radical Philosophy*, vol. 67: pp. 32-39.（＝1996, 竹村和子訳「パフォーマンスとしてのジェンダー」『批評空間』第 II 期 vol. 8: pp. 48-63.）

———, 2004, *Undoing Gender*, New York and London: Routledge.

———, 2010a, *Gender Trouble: Feminism and the Subversion of Identity*, New York and London: Routledge.（＝2006, 竹村和子訳『ジェンダー・トラブル――フェミニズムとアイデンティティの攪乱』青土社.）

———, 2010b, "Imitation and Gender Insubordination", in *The Judith Butler Reader*, edited by Salih, Sara and Butler, Judith, Singapore: Blackwell Publishing, pp. 119-137.（＝1996, 杉浦悦子訳「模倣とジェンダーへの抵抗」『imago』vol. 7（6）: pp. 116-135.）

———, with Salih, Sara, 2010c, Interview, "Changing the Subject: Judith Butler's Politics of Radical Resignification", in *The Judith Butler Reader*, edited by Salih, Sara and Butler, Judith, Singapore: Blackwell Publishing, pp. 325-356.

———, 2011, *Bodies that Matter: On the Discursive Limits of "Sex"*, London and New York: Routledge.（＝2021, 佐藤嘉幸監修, 竹村和子・越智博美ほか訳『問題＝物質となる身体――「セックス」の言語的境界について』以文社.）

———, 2015, *Notes Toward a Performative Theory of Assembly*, Harvard University Press.（＝2018, 佐藤嘉幸・清水知子訳『アセンブリ――行為遂行性・複数性・政治』青土社.）

Gleeson, Jules, 2021, "Judith Butler: 'We need to rethink the cate-

gory of woman'" https://www.theguardian.com/lifeandstyle/2021/sep/07/judith-butler-interview-gender（2024年5月22日閲覧確認）.

Rubin, Gayle, Butler, Judith, 1994, "Sexual Traffic", *differences*, vol. 6, no. 2+3, Brown University and differences, pp. 62-99（＝ルービン，ゲイル，ジュディス，バトラー，1997，河口和也・ヴィンセント，キース訳「性の交易」『現代思想』vol. 25, no. 13: pp. 290-323.）

その他の文献

アーメッド，サラ，2022，飯田麻結訳『フェミニスト・キルジョイ——フェミニズムを生きるということ』人文書院.

和泉ちえ「どう変わる！日本哲学会——ジェンダー平等推進とGood Practice Scheme」https://philosophy-japan.org/wpdata/wp-content/uploads/2017/06/danjyo1_ver2.pdf（2024年5月22日閲覧確認）.

井谷聡子「本シンポジウムの背景と性別確認検査・高アンドロゲン症規定の概要」https://www.jstage.jst.go.jp/article/sptgender/19/0/19_22/_pdf（2024年3月19日閲覧確認）.

Wittig, Monique, 1992, *The Straight Mind and Other Essays*, Boston; Beacon Press.

カリフィア，パット，1998，東玲子訳『パブリック・セックス——挑発するラディカルな性』青土社.

カリフィア，パトリックほか，2005，石倉由・吉池祥子ほか訳，竹村和子解説『セックス・チェンジズ——トランスジェンダーの政治学』作品社.

河口和也，2003『思考のフロンティア　クイア・スタディーズ』岩波書店.

Crenshaw, Kimberle, 1989, "Demarginalizing the Intersection of Race and Sex: A Black Feminist Critique of Antidiscrimination Doctrine, Feminist Theory and Antiracist Politics," *University of Chicago Legal Forum*: vol. 1989: Issue. 1, Article 8, pp. 139-167.

Case, Sue-Ellen, 1993, "Toward a Butch-Femme Aesthetic," in *The Lesbian and Gay Studies Reader*, edited by Abelove, Henry, Barale, Michèle A. and Halperin, David M., NewYork: Routledge, pp. 294-306.

コリンズ，パトリシア・ヒル，ビルゲ，スルマ，2021，小原理乃訳，下地ローレンス吉孝監訳『インターセクショナリティ』人文書院.

下地ローレンス吉孝，2021「解説　日本社会とインターセクショナリティ」コリンズ，パトリシア・ヒル，ビルゲ，スルマ，小原理乃訳，下地ローレンス吉孝監訳『インターセクショナリティ』人文書院.

新ヶ江章友，2020「エイズ・パンデミックと生き方の変容――新型コロナウイルス流行との比較から」『現代思想』vol. 48, no. 7, pp. 200-206.

――――，2022『クィア・アクティビズム――はじめて学ぶ〈クィア・スタディーズ〉のために』花伝社.

スピヴァク，ガヤトリ・チャクラヴォルティ，2003，上村忠男・本橋哲也訳『ポストコロニアル理性批判――消え去りゆく現在の歴史のために』月曜社.

――――，2006，上村忠男訳『サバルタンは語ることができるか』みすず書房.

スリニヴァサン，アミア，2023，山田文訳『セックスする権利』勁草書房.

ド・ボーヴォワール，シモーヌ，2023『第二の性』を原文で読み直す会訳『決定版　第二の性　I 事実と神話』河出文庫.

ド・ローレティス，テレサ，1996，大脇美智子訳「クィア・セオリー――レズビアン／ゲイ・セクシュアリティ」『ユリイカ』vol. 28, no. 13, pp. 66-77.

――――，1998「クイアの起源――レズビアンとゲイの差異を語ること」風間孝・ヴィンセント，キース・河口和也編『実践するセクシュアリティ――同性愛／異性愛の政治学』動くゲイとレズビアンの会, pp. 66-78.

Newton, Esther, 1979, *Mother Camp: Female Impersonators in*

America, Chicago and London: The University of Chicago Press.
———, 2000, *Margaret Mead Made Me Gay: Personal Essays Public Ideas*, Durham and London: Duke University Press.
ヌスバウム，マーサ，2010，河野哲也監訳『感情と法——現代アメリカ社会の政治的リベラリズム』慶應義塾大学出版会.
Halberstam, Judith, 2000, "Foreword: The Butch Anthropologist Out in the Field," in Newton, Esther, *Margaret Mead Made Me Gay: Personal Essays Public Ideas*, Durham and London: Duke University Press, pp. ix–xviii.
フックス，ベル，2017，野﨑佐知・毛塚翠訳『ベル・フックスの「フェミニズム理論」——周辺から中心へ』あけび書房.
———，2010，大類久恵・柳沢圭子訳『アメリカ黒人女性とフェミニズム——ベル・フックスの「私は女ではないの？」』明石書店.
モートン，スティーヴン，2005，本橋哲也訳『シリーズ現代思想ガイドブック　ガヤトリ・チャクラヴォルティ・スピヴァク』青土社.
モーハンティー，チャンドラー・タルパデー，2012，堀田碧監訳『境界なきフェミニズム』法政大学出版局.
Riley, Denise, 1988, *'Am I That Name?': Feminism and the Category of "Women" in History*, Palgrave Macmillan.
RADICALESBIANS, 1970, "The Woman Identified Woman".
Leap, W. L., 2000, "Foreword: On Being Different: An Appreciation", in Newton, E., *Margaret Mead Made Me Gay: Personal Essays Public Ideas*, Durham and London: Duke University Press, pp. xix–xxii.
リッチ，アドリエンヌ，1989，大島かおり訳「強制的異性愛とレズビアン存在」『血、パン、詩。』晶文社, pp. 53–119.
Raymond, Janice, 1979, *The Transsexual Empire: The Making of the She-Male*, Beacon Press.

ちくま新書
1807

バトラー入門《にゅうもん》

二〇二四年七月一〇日　第一刷発行
二〇二四年九月一〇日　第二刷発行

著　者　藤高和輝（ふじたか・かずき）

発行者　増田健史

発行所　株式会社　筑摩書房
東京都台東区蔵前二-五-三　郵便番号一一一-八七五五
電話番号〇三-五六八七-二六〇一（代表）

装幀者　間村俊一

印刷・製本　三松堂印刷　株式会社

ISBN978-4-480-07634-2 C0210

1242
ＬＧＢＴを読みとく
――クィア・スタディーズ入門
森山至貴

広まりつつあるＬＧＢＴという概念。しかし、それだけでは多様な性は取りこぼされ、マイノリティに対する差別もなくならない。正確な知識を得るための教科書。

415
お姫様とジェンダー
――アニメで学ぶ男と女のジェンダー学入門
若桑みどり

白雪姫、シンデレラ、眠り姫などの昔話にはどのような意味が隠されているか。世界中で人気のディズニーのアニメを使って考えるジェンダー学入門の実験的講義。

1760
「家庭」の誕生
――理想と現実の歴史を追う
本多真隆

イエ、家族、夫婦、ホーム……。様々な呼び方をされるそれらをめぐる錯綜する議論を追うことで、これまで語られなかった近現代日本の一面に光をあてる。

1528
レイシズムとは何か
梁英聖

「日本に人種差別はあるのか」。実は、この疑問自体が差別を生み出しているのだ。「人種」を表面化させず、差別を扇動し、社会を腐敗させるその構造に迫る。

071
フーコー入門
中山元

絶対的な〈真理〉という〈権力〉の鎖を解きはなち、〈別の仕方〉で考えることの可能性を提起した哲学者、フーコー。一貫した思考の歩みを明快に描きだす新鮮な入門書。

1229
アレント入門
中山元

生涯、全体主義に対峙し、悪を考察した思想家ハンナ・アレント。その思索の本質を『全体主義の起原』『イェルサレムのアイヒマン』などの主著を通して解き明かす。

200
レヴィナス入門
熊野純彦

フッサールとハイデガーに学びながらも、ユダヤの伝統を継承し独自の哲学を展開したレヴィナス。収容所体験から紡ぎだされた強靭で繊細な思考をたどる初の入門書。

377
人はなぜ「美しい」がわかるのか
橋本治

「美しい」とはどういう心の働きなのか？「合理性」や「カッコよさ」とはどう違うのか？　日本の古典や美術に造詣の深い、活字の鉄人による「美」をめぐる人生論。

1384
思いつきで世界は進む
――「遠い地平、低い視点」で考えた50のこと
橋本治

「あんな時代もあったね」とでは済まされない怒濤の展開。日本も世界も「思いつき」で進んではいないか？　アナ雪からトランプまで、橋本治、最後の時代診断。

1311
アメリカの社会変革
――人種・移民・ジェンダー・LGBT
ホーン川嶋瑤子

「チェンジ」の価値化――これこそがアメリカ文化の柱である。保守とリベラルのせめぎあいでダイナミックに動く、平等化運動から見たアメリカの歴史と現在。

1539
アメリカ黒人史
――奴隷制からBLMまで
ジェームス・M・バーダマン
森本豊富訳

奴隷制の始まりからブラック・ライヴズ・マターが再燃する今日まで、人種差別はなくなっていない。アメリカ黒人の歴史をまとめた名著を改題・大改訂して刊行。

1449
インディアンとカジノ
――アメリカの光と影
野口久美子

ラスベガスを上回る、年間3兆円のビッグ・ビジネスはなぜ生まれたのか。インディアンの歴史を跡づけ、その意義となおも残る困難を明らかにする。

1193
移民大国アメリカ
西山隆行

止まるところを知らない中南米移民。その増加への不満がいかに米国社会を蝕みつつあるのか。米国の移民問題の全容を解明し、日本に与える示唆を多角的に分析する。

1744
病が分断するアメリカ
――公衆衛生と「自由」のジレンマ
平体由美

なぜアメリカは、コロナ禍で世界最悪の死者数となったのか？　20世紀初頭以来の公衆衛生史を繙きつつ、収入・居住地域・人種などで分断された現状を探る。

1489
障害者差別を問いなおす
荒井裕樹
「差別はいけない」。でも、なぜ「いけない」のかを言葉にする時、そこには独特の難しさがある。その理由を探るため差別されてきた人々の声を拾い上げる一冊。

1717
マイノリティ・マーケティング
――少数者が社会を変える
伊藤芳浩
マーケティングは、マイノリティが社会を変える武器になる。東京オリパラ開閉会式放送への手話通訳導入などに尽力したNPO法人代表が教えるとっておきの方法。

1541
手話の学校と難聴のディレクター
――ETV特集「静かで、にぎやかな世界」制作日誌
長嶋愛
難聴のTVディレクターが手話の学校にやってきた。そこでみつけた「共に生きる」ことの意味とは――。ETV特集『静かで、にぎやかな世界』の舞台裏。

1440
二重国籍と日本
国籍問題研究会編
旧態依然かつ不透明な国籍法の運用で、国籍を剝奪されたり、無国籍者に陥る悲劇やナショナリズムに絡めたバッシングが発生している。どこに問題があるか。

1159
がちナショナリズム
――「愛国者」たちの不安の正体
香山リカ
2002年、著者は『ぷちナショナリズム症候群』で「愛国ごっこ」に警鐘を鳴らした。あれから13年、安倍内閣、ネトウヨ、安保法改正――日本に何が起きている？

1241
不平等を考える
――政治理論入門
齋藤純一
格差の拡大がこの社会に致命的な分断をもたらしている。不平等の問題を克服するため、どのような制度を共有すべきか。現代を覆う困難にいどむ、政治思想の基本書。

1091
もじれる社会
――戦後日本型循環モデルを超えて
本田由紀
もじれる＝もつれ＋こじれ。行き詰まり、悶々とした状況にある日本社会の見取図を描き直し、教育・仕事・家族の各領域が抱える問題を分析、解決策を考える。

1259
現代思想の名著30
仲正昌樹
近代的思考の限界を超えようとした現代思想。難解なものが多いそれらの名著を一気に30冊解説する。知っているつもりになっていたあの概念の奥深さにふれる。

1183
現代思想史入門
船木亨
ポストモダン思想は、何を問題にしてきたのか。生命、精神、歴史、情報、暴力の五つの層で現代思想をとらえなおし、混迷する時代の思想的課題を浮き彫りにする。

1060
哲学入門
戸田山和久
言葉の意味とは何か。私たちは自由意志をもつのか。人生に意味はあるか……こうした哲学の中心問題を科学が明らかにした世界像の中で考え抜く、常識破りの入門書。

482
哲学マップ
貫成人
難解かつ広大な「哲学」の世界に踏み込むにはどうしても地図が必要だ。各思想のエッセンスと思想間のつながりを押さえて古今東西の思索を鮮やかに一望する。

1751
問いを問う
——哲学入門講義
入不二基義
哲学とは、問いの意味そのものを問いなおし、自ら視点の転換をくり返す思考の技法だ。四つの根本的問題を素材に、自分の頭で深く、粘り強く考えるやり方を示す。

545
哲学思考トレーニング
伊勢田哲治
哲学って素人には役立たず？　否、そこは使える知のツールの宝庫。屁理屈や権威にだまされず、筋の通った思考を自分の頭で一段ずつ積み上げてゆく技法を完全伝授！

1322
英米哲学入門
——「である」と「べき」の交差する世界
一ノ瀬正樹
夢と現実って本当に区別できるの？　この世界に実は因果関係なんて存在しない？　哲学の根本問題を経験や言語を足場に考え抜く、笑いあり涙あり（？）の入門講義。

1416 **ハンナ・アーレント**
——屹立する思考の全貌
森分大輔
激動の現代史において全体主義や悪と対峙し続けたユダヤ人思想家・アーレント。その思索の全貌を、哲学・政治・思想の各視点から七つの主著を精読し明らかにする。

1076 **感情とは何か**
——プラトンからアーレントまで
清水真木
「感情」の本質とは何か？　感情をめぐる哲学的言説の系譜を整理し、それぞれの細部を精神史の文脈に置きなおす。哲学史の新たな読みを果敢に試みる感情の存在論。

922 **ミシェル・フーコー**
——近代を裏から読む
重田園江
社会の隅々にまで浸透した「権力」の成り立ちを問い、常識的なものの見方に根底から揺さぶりをかけるフーコー。その思想の魅力と強靭さをとらえる革命的入門書！

277 **ハイデガー入門**
細川亮一
二〇世紀最大の哲学書『存在と時間』の成立をめぐる謎とは？　難解といわれるハイデガーの思考の核心を読み解き、西洋哲学が問いつづけた「存在への問い」に迫る。

1772 **キェルケゴール**
——生の苦悩に向き合う哲学
鈴木祐丞
生きることに苦しみ、孤独と憂愁の淵で深くへりくだる懺悔者キェルケゴール。直向きな信仰と思索のあいだに立ち上がった〈実存哲学〉という企ての全体像に迫る。

265 **レヴィ＝ストロース入門**
小田　亮《まこと》
若きレヴィ＝ストロースに哲学の道を放棄させ、ブラジル奥地へと駆り立てたものは何か。現代思想に影響を与えた豊かな思考の核心を読み解く構造人類学の冒険。

776 **ドゥルーズ入門**
檜垣立哉
没後十年以上を経てますます注視されるドゥルーズ。哲学史的な文脈と思想的変遷を踏まえ、その豊かなイマージュと論理を読む。来るべき思想の羅針盤となる一冊。